Medard Kehl

Und was kommt nach dem Ende?

Von Weltuntergang und Vollendung, Wiedergeburt und Auferstehung

topos taschenbücher

Verlagsgemeinschaft topos plus
Butzon & Bercker, Kevelaer
Don Bosco, München
Echter, Würzburg
Lahn-Verlag, Kevelaer
Matthias-Grünewald-Verlag, Ostfildern
Paulusverlag, Freiburg (Schweiz)
Friedrich Pustet, Regensburg
Tyrolia, Innsbruck

Bibliografische Information der Deutschen Nationalbibliothek
Die Deutsche Nationalbibliothek verzeichnet diese Publikation in der
Deutschen Nationalbibliografie; detaillierte bibliografische Daten
sind im Internet über http://dnb.d-nb.de abrufbar.

2008 Verlagsgemeinschaft **topos** plus, Kevelaer
2. Auflage
Das © und die inhaltliche Verantwortung liegen beim
Matthias-Grünewald-Verlag, Ostfildern
Originalausgabe

Einband- und Reihengestaltung | Finken & Bumiller, Stuttgart
Herstellung | Pustet, Regensburg
Printed in Germany

Topos ISBN: 978-3-8367-0571-4

www.toposplus.de

Inhalt

Vorwort 11

Einleitung: Der springende Punkt: »Nur Liebe frei
gewordne« (M. L. Kaschnitz) 13

Erster Teil: Menschen fragen über das Ende hinaus

I.   Was können wir darüber überhaupt wissen?   19
     1. Vertrauen oder Wissen?   20
     2. Prognosen, Weissagungen und Projektionen
        als Erkenntnisquelle?   22
     3. Die Sprache der Hoffnung: »Dein Reich
        komme!«   25
     4. Dem Versprechen Gottes trauen   26

II. Wie steht es heute um den christlichen Glauben
     an die »Letzten Dinge«?   32
     1. Die religionssoziologische Ernüchterung   32
     2. Neuere Kirchenlieder als Spiegel gegen-
        wärtiger Hoffnungssprache   34
        a) Das letzte Ziel der irdischen Pilgerschaft   35
        b) Die messianische Erneuerung der Erde   36
        c) Das Volk Gottes auf dem Weg zum Reich
           Gottes   40
        d) Die Vollendung der Welt durch ihren
           Untergang hindurch   42
        e) Die zyklisch sich erneuernde Lebenskraft
           Gottes auf unserer Erde   46

III. Was tut sich im religiös gestimmten kulturellen
     Umfeld?   49

A.   DIE WIEDERGEBURTSLEHRE – KRISTALLISA-
     TIONSPUNKT MODERNER KULTUR-
     RELIGIOSITÄT   50

1. Der wesentliche Unterschied zwischen westlicher und östlicher Reinkarnationsvorstellung 51
2. Die kulturell bedingte Plausibilität der westlichen Wiedergeburtslehre 55
   a) Ihr »naturaler« Charakter 55
   b) Die strukturell-gesetzmäßige Erklärung des Weltverlaufs 58
   c) Die Spiritualisierung des neuzeitlichen Fortschrittsdenkens 62
   d) Vermittlung von Identität aufgrund vielfacher Existenzen 63
   e) Der Anspruch, Glauben durch Wissen ersetzen zu können 67
3. Sind christlicher Glaube und Reinkarnationslehre zu vereinbaren? 69
   Vorbemerkungen:
     (1) Offene Differenz zwischen privatem und gemeinsam-verbindlichem Glaubensbewußtsein 69
     (2) Notwendigkeit des Dialogs 70
   a) Das frühe Christentum und die Wiedergeburtslehre 71
   b) Hauptgründe für die theologische Unvereinbarkeit 73
     (1) Der Schöpfungsglaube 73
     (2) Vollendung durch Vergebung 75
     (3) Die Hoffnung auf die Auferstehung des Leibes 77

B. DAS JENSEITS-WISSEN DER STERBEFORSCHUNG 80
1. Die Berichte sog. »klinisch Toter« als Wissensquelle? 81
2. Die umstrittene Deutung 82
   a) E. Kübler-Ross: Eine »Sache des Wissens« 82
   b) Der Tod – eine prinzipielle Grenze unseres Erkennens 84

3. Die verführerische Botschaft vom
»schönen Tod« 85

C. APOKALYPTISCHES »ENDZEITFIEBER«
IN CHRISTLICHEN SEKTEN UND
KIRCHLICHEN RANDGRUPPEN 88
1. Die Zeugen Jehovas 89
2. Extreme evangelikale Apokalyptiker 90
3. Haupteinwände gegen solche Bibelauslegung 92
a) Die Bibel – keine Informationsquelle für
Endzeit-Szenarien 92
b) »Steinbruchexegese« 94
c) Trennung von erstem und letztem
Kommen Christi 96
4. Apokalyptik in katholischen Randgruppen 99
a) Die besondere Rolle Mariens 100
b) Die scharfe Kirchenkritik 101
c) Die typischen Ambivalenzen einer
isolierten Apokalyptik 102

**Zweiter Teil: »Und das Leben der kommenden Welt«
(Credo) – Was erhoffen Christen davon?**

I. Die christliche Deutung apokalyptischer
Visionen vom Ende und Untergang der Welt 107
1. Was sagt die Bibel dazu? 108
a) Die geheimnisvolle Sprache der »Apokalypse« 108
b) Die Grundaussage der alttestamentlichen
Apokalyptik 110
c) Jesus und die Apokalyptik im Neuen
Testament 112
d) Die Gegenwart des kommenden Christus
im Heiligen Geist und in der Kirche ... 115
2. Die bereits eingetretene Apokalyptik:
Tod und Auferstehung Jesu 116

II. Die Wiederkunft Jesu am »Jüngsten Tag« ...   120
  1. Das »Kommen Gottes«   120
  2. Kommen »in Herrlichkeit«   124
  3. Kein Ereignis in Raum und Zeit   124
  4. Der Tod als Ort der persönlichen Begeg-
    nung mit dem kommenden Herrn   127

III. Das »Unzerstörbare« im Menschen:
  Was überdauert den Tod?   132
  Einführung: Ein »göttlicher Funke« in uns?   132
  1. Psychologisch: Die Seele – Inbegriff
    menschlicher Emotionalität   133
  2. Philosophisch: Die Seele – Inbegriff
    menschlicher Personalität   134
    a) Thomas v. Aquin und die »Unzerstör-
      barkeit der Seele«   134
    b) Philosophische Gründe für eine unsterb-
      liche Seele   136
  3. Theologisch: Die Seele – Inbegriff des
    ganzen Menschen vor Gott   138
    a) Ansprech- und Antwortorgan für
      Gottes Liebe   138
    b) Jedem Menschen zu eigen   140
    c) Die unsterbliche Treue Gottes und die
      menschliche Unsterblichkeit   140

IV. Die »Auferstehung der Toten«: Was wird
  aus dem Leib?   143
  1. Die Antwort des Paulus: Der »pneuma-
    tische Leib« der Auferstehung   143
  2. Unterscheidung zwischen »Körper« und
    »Leib«: Die Bedeutung der eigenen
    Biographie für das neue Leben   145
  3. Auferstehung: Option für die bleibende
    Erdverbundenheit des Menschen   146
  4. Das »Aufheben« der Geschichte in der
    Auferstehung der Toten   148
  5. Auferstehung schon »im Tod«?   149

V. Das »Letzte Gericht«: Göttliche Lohn- und Strafjustiz oder Begegnung mit der richtenden Liebe Gottes? 152
   1. Bleibender Inhalt – wechselnde Vorstellungen 152
   2. Gegenstand der Hoffnung, nicht der Angst 153
   3. »Richtende Liebe« – ein Paradox? 155
   4. Um letzter Wahrheit und Gerechtigkeit willen 156

VI. Das »Fegfeuer«: Hölle auf Zeit oder Verwandlung durch die läuternde Liebe Gottes? 159
   1. Die geschichtlichen Ursprünge 159
   2. Vom schmerzlichen Prozeß, sich die Schuld nachhaltig vergeben zu lassen 160
   3. Das Gebet *für* die Verstorbenen und *zu* ihnen 163

VII. Der »Himmel«: Ewige Ruhe oder erfülltes Leben durch die versöhnende Liebe Gottes? 165
   1. Das Fest der versöhnten Schöpfung 165
   2. »Leben in Fülle«: Weder ewiger Stillstand noch endloses Weitergehen 167

VIII. »Allversöhnung« oder endgültige Scheidung zwischen Himmel und Hölle? 170
   1. Gegen die falschen Sicherheiten beim Thema »Hölle« 170
   2. Der Ernst des irdischen Lebens: Entscheidungszeit 171
   3. Himmel und Hölle: Keine gleichrangige Alternative 173
   4. Warum es die Hölle geben kann 175
     a) Die freiheitsermöglichende Sympathie Gottes 175
     b) Auch am Ende keine zwingende Evidenz 177
     c) »Ich will keine Barmherzigkeit, ich will mein Recht!« 178

    d) Das Auslöschen einer verfehlten Existenz –
       eine humanere Alternative zur Hölle?   180
  5. Können Himmel und Hölle zugleich
    existieren?   182
  6. Das Fest der Versöhnung und das weiter-
    gehende Leid der Erde   184

IX. Hoffnung für den ganzen Kosmos: »Der neue
    Himmel und die neue Erde«   188
  1. Die materielle Welt – nur vollendbar
    als »Groß-Leib« des Menschen?   190
  2. Das »Unzerstörbare« der Schöpfung:
    Ihr Lob Gottes   191
  3. Vollendung des Kosmos im auferstandenen
    »Leib Christi«   194

Anmerkungen   198

Vorwort

Es gibt ein bekanntes Bonmot von G. K. Chesterton: „Wenn die Menschen nicht an Gott glauben, glauben sie nicht an nichts, sondern an alles." Nirgendwo mehr scheint sich diese Erkenntnis zu bewahrheiten als im Feld der sog. „Letzen Dinge", wenn es also um das „Jenseits" nach unserem persönlichen Tod oder nach einem (meist für die nähere Zukunft erwarteten) apokalyptischen Untergang unserer irdischen Lebenswelt geht. Alles Erdenkliche wird zum Gegenstand menschlichen Hoffens über das (persönliche oder allgemeine) Ende hinaus: Alte und neue Weissagungen, fromme Visionen und Privatoffenbarungen, okkulte Totenbeschwörungen, technisch reich ausstaffierte Science-Fiction-Produktionen, psychologische „Rückführungstherapien" in frühere Leben mit der Aussicht auf weitere zukünftige Leben usw. Kein Wunder, denn das einzige, was wirklich eines end-gültigen, auch am Ende noch gültigen Vertrauens und Hoffens würdig ist, verblasst in unserer Kultur mehr und mehr: eben Gottes Treue und ihr großes Versprechen eines unausschöpfbaren Heils für jeden Einzelnen und für die ganze Schöpfung.

Von daher begründet sich ein erstes Anliegen dieses Buches: Es möchte – in ruhigem sachlichen Gespräch mit einigen heute besonders aktuellen Jenseits- und Endzeitvorstellungen – für einen größeren Leserkreis verständlich die christliche Hoffnung auf das, was „nach" dem Ende kommen wird, darstellen und zugleich neu wecken.

Zum zweiten möchte es diese Hoffnung auch dadurch wieder stärker zum Leuchten bringen, dass es ihre humanisierende Kraft zu entdecken hilft – für die alltägliche Lebenswelt des einzelnen, für unsere moderne Kultur und auch für die „Bewahrung der Schöpfung". Insofern ist die christliche Hoffnung auf ein Leben nach dem Tod und auf den „neuen Himmel und die neue Erde" alles andere als eine für das Leben hier und jetzt belanglose Zukunftsspekulation. Gerade als „Hoffnung, die die Erde liebt" (nach einem leicht abgewandelten Wort von Karl Rahner), kann sie sich im Wettstreit der gegenwärtig florierenden Hoffnungsangebote bestens bewähren.

Zum dritten schließlich: Eine Hoffnung, die Diesseits und Jenseits, Erde und Himmel, Ende und Vollendung, Tod und Leben miteinander verbindet, kann sich angemessen nur in Bildern und Symbolen aussprechen. Aber solche Bilder der Hoffnung haben jeweils ihre Zeit und ihre Stunde. So eindrucksvoll viele der traditionellen Darstellungen, wie wir sie aus der Kunstgeschichte kennen, auch sind: Sie dürften kaum mehr repräsentativ für gegenwärtige christliche Vorstellungen etwa vom Gericht Gottes sein. Sie stehen sogar eher im scharfen Kontrast dazu; denn die Zeit der ins Bild gesetzten Gerichts- und Höllenpredigten, die mehr die Angst vor der Verdammnis schürten als die Vorfreude auf den Himmel weckten, ist Gott sei Dank selbst an ihr „Ende" gekommen.

Unser gegenwärtiges, viel stärker an der „Frohen Botschaft" des universalen Heilswillens Gottes ausgerichtetes Verständnis von Ende und Vollendung lebt demgegenüber vor allem vom Bild der Begegnung mit dem auferstandenen Christus, also mit der in ihm menschgewordenen richtend-rettenden Liebe Gottes; einer Begegnung, der wir voller Zuversicht entgegengehen können. Dies schwächt keineswegs die eigene Verantwortung für unser irdisches Leben; es geht vielmehr darum, die Kunst der christlichen Hoffnung immer besser zu erlernen, die beides – Vertrauen und Verantwortung – gut auszutarieren vermag.

Sankt Georgen, Frankfurt am Main, Ostern 2005

Medard Kehl SJ

Einleitung
Der springende Punkt: »Nur Liebe frei gewordne« (Marie Luise Kaschnitz)

Ein Leben nach dem Tode[1]

Glauben Sie fragte man mich
An ein Leben nach dem Tode
Und ich antwortete: ja
Aber dann wußte ich
Keine Auskunft zu geben
Wie das aussehen sollte
Wie ich selber
Aussehen sollte
Dort

Ich wußte nur eines
Keine Hierarchie
Von Heiligen auf goldnen Stühlen sitzend
Kein Niedersturz
Verdammter Seelen
Nur
Nur Liebe frei gewordne
Niemals aufgezehrte
Mich überflutend

Kein Schutzmantel starr aus Gold
Mit Edelsteinen besetzt
Ein spinnwebenleichtes Gewand
Ein Hauch
Mir um die Schultern
Liebkosung schöne Bewegung
Wie einst von tyrrhenischen Wellen
Wie von Worten die hin und her

Wortfetzen
Komm du komm

Schmerzweb mit Tränen besetzt
Berg-und-Tal-Fahrt
Und deine Hand
Wieder in meiner
So lagen wir lasest du vor
Schlief ich ein
Wachte auf
Schlief ein
Wache auf

Deine Stimme empfängt mich
Entläßt mich und immer
So fort
Mehr also, fragen die Frager
Erwarten Sie nicht nach dem Tode?
Und ich antworte
Weniger nicht.

Warum stelle ich dieses Gedicht an den Anfang? Weil es die
Sache, um die es in diesem Buch geht, in der Prägnanz
dichterischer Sprache auf den Punkt bringt: Christen und
Nichtchristen fragen auch heute nach dem, was nach dem
persönlichen Tod oder nach einem möglichen »Untergang
der Welt« kommen wird. Auf diese Frage bekennt die Dich-
terin ihren Glauben an ein »Leben danach«; aber viel mehr
»weiß« sie dann auch nicht darüber zu sagen. Sie weiß nur,
daß sie bestimmte traditionelle Vorstellungen vom himmlischen Thronsaal und von höllischer Verdammnis nicht
mehr teilt. Sie sucht die Bilder für ihre Hoffnung auf
endgültig glückendes Leben eher bei Erfahrungen, die sie in
der zwischenmenschlichen Liebe gemacht hat: Mit ihrer
bergenden Leichtigkeit und Zärtlichkeit, ihrem lockenden
Austausch von Worten und Gesten, ihrem Auf und Ab von

Schmerz und Versöhnung, von Ferne und Nähe, mit ihrer Sehnsucht nach Dauer. Das mag denen, die mehr wissen wollen, die eine eindeutige Auskunft über das »Jenseits« erfragen, viel zu dürftig zu sein. Einem Menschen jedoch, der in seinem Leben wenigstens einmal das Geschenk selbstlosen, nicht berechnenden Geliebtwerdens und Liebendürfens verkostet hat, dem kann nur noch diese Liebe das Maß seiner end-gültigen Hoffnung setzen; alles andere würde sie unterbieten.

Die neuere christliche »Eschatologie«, also die Lehre (griech.: logos) vom letzten, endgültigen Ziel (griech.: eschaton) der persönlichen und allgemeinen Geschichte im Reich Gottes, hat sich diesen Erfahrungsbereich der zwischenmenschlichen Liebe ganz zu eigen gemacht. Er dient ihr als bevorzugtes Vorstellungs- und Verstehensmodell für die überzeitliche Vollendung des Lebens. Das heißt: Sie versucht, von dieser Erfahrung her, die vielen Menschen, ob gläubig oder nicht, zugänglich ist (und sei es auch nur in der Weise ungestillter Sehnsucht), die große Vielfalt der biblischen Aussagen über das »ewige Leben« und seine verschiedenen Aspekte dem heutigen Verstehen neu aufzuschließen und sie so als bewegendes Ziel menschlichen Hoffens zu verkünden.

Insofern geht es der christlichen Hoffnung letztlich immer nur um das eine: um das frei bejahte, endgültige und unverborgene Aufgenommensein der ganzen Schöpfung im nie sich erschöpfenden »Fest« der Sympathie Gottes zu all ihren Geschöpfen, eben um »Liebe, frei geworden, niemals aufgezehrte, mich überflutend«. Das ist allerdings etwas ganz anderes als ein harmloses »Happy End«! Denn wir Menschen können uns dieser Liebe, die uns in so vielen offenen oder verborgenen Weisen begegnet, im Grunde unseres Herzens auch versagen, möglicherweise sogar endgültig. Diese entscheidende Alternative, in Freiheit ja oder nein zur Liebe Gottes und damit zum Weg der Liebe überhaupt zu sagen, das macht die Dramatik der biblisch-christlichen Sicht von der Vollendung der persönlichen und allgemeinen Geschichte aus. Denn je nach dem Maß der menschlichen Zustimmung oder Ablehnung kann diese Liebe Gottes uns gegenüber nicht nur das Gesicht einer versöhnenden, sondern auch einer schmerzlich läuternden oder gar einer ausgeschlagenen Liebe annehmen. Aber eben doch der Liebe, der unwiderruflichen Treue Gottes zu seinen Geschöpfen. Von ihr her wird das, was uns am Ende begegnet, ganz gewiß nur geglücktes »Leben in Fülle« und nichts anderes sein. Von uns her aber kann dies sehr unterschiedlich wahrgenommen werden, eben je nach unserer Bereitschaft, uns damit beschenken und so in das Fest der versöhnten Schöpfung aufnehmen zu lassen. Auf diese in der ganzen Schöpfung »frei gewordne« und sie versöhnende Liebe kommt alles an, jetzt und am Ende; denn »sie hört niemals auf« (1 Kor 13,8). Aus ihr wird der Stoff unserer Ewigkeit gewoben; bereits in diesem Leben und endgültig in unserer letzten, unverborgenen Begegnung mit der Liebe Gottes, die jedem – so glauben wir – in seinem Tod zuteil wird.

Erster Teil
Menschen fragen über das Ende hinaus

I. Was können wir darüber überhaupt wissen?

Was ich hier als Kern der christlichen Sicht vom Ende und Ziel unseres Lebens, ja der ganzen Schöpfung angedeutet habe, das klingt in den Ohren vieler unserer Zeitgenossen (auch unter den Getauften) einfach »zu schön, um wahr zu sein«. Sie fragen sofort: »Woher wißt ihr das? Wie begründet ihr es? Könnt ihr es irgendwie beweisen?« In der Tat: Wir sind in der gegenwärtigen kulturellen Situation des christlichen Glaubens hier in Europa in besonderer Weise herausgefordert, glaubwürdig »Rechenschaft von unserer Hoffnung zu geben« (1 Petr 3,15). Aber können wir das, indem wir jetzt endlich wissenschaftlich hieb- und stichfeste Beweise für ein »Leben danach« ins Feld führen? Auf dem bunten weltanschaulichen Markt gibt es heute durchaus zahlreiche »Sinnagenturen« (z.B. im Umfeld von Sterbeforschung, von Wiedergeburtslehre, von Spiritismus, von Esoterik, von naturwissenschaftlichen Endzeitprognosen usw.), die genau dies versprechen: nämlich den »vagen« religiösen Glauben an ein ewiges Leben endlich ersetzen zu können durch sicheres Wissen.[2] Sie setzen auf die Faszination, die die Wissenschaft und ihre exakte Beweisführung auf viele Menschen in unserer Kultur ausübt, und tragen sie auch in den religiösen Bereich hinein. Auch hier soll es endlich mit wissenschaftlich exakten Methoden und Auskünften zugehen. Ein Musterbeispiel dafür bietet die (ansonsten außerordentlich verdienstvolle) Sterbeforscherin Elisabeth Kübler-Ross, auf die wir unter III B noch ausführlich eingehen werden: »Zweitausend Jahre lang hat man Sie ersucht, an die jenseitigen Dinge zu glauben. Für mich ist es nicht mehr eine Sache des Glaubens, sondern eine Sache des Wissens. Und ich sage Ihnen gern, wie man zu diesem Wissen gelangt, vorausgesetzt, Sie wollen wissen.«[3] Oder z.B. der amerikanische Physiker Frank Tipler, der in seinem Bestseller »Physik der Unsterblichkeit« folgendes behauptet: »Entweder ist Theologie blanker Unsinn, eine Wissenschaft ohne Gegenstand, oder aber die Theologie wird letztlich ein Teilbereich der Physik.«[4]

Haben sie recht? Kann man in diesen Fragen wirklich zu sicherem »Wissen« gelangen? Zunächst einige Bemerkungen über den Unterschied von Wissen und Glauben. Dabei verstehen wir unter Glauben keineswegs ein unbegründetes, rein autoritätshöriges »Für-wahr-Halten« irgendwelcher vager Behauptungen, sondern die stärkste Form jener menschlichen Urkraft, vertrauen zu können: also sich in seinem Leben und Sterben einer liebenden Macht ganz und gar anzuvertrauen. Darum geht es im christlichen Glauben an ein »Leben danach«, um nichts Geringeres!

Die folgenden Abschnitte 1–4 von Kapitel I sind stellenweise vielleicht etwas schwierig für Nicht-Theologen. Man kann sie dann ruhig überspringen; die weiteren Kapitel sind auch so zu verstehen.

1. Vertrauen oder Wissen?

Alle modernen Versuche, dieses (auch den Tod einbeziehende) Grundvertrauen durch abgesichertes Wissen ersetzen zu wollen, fallen hinter die wissenschaftlich heute weithin anerkannte Unterscheidung von I. Kant zurück. Dieser neuzeitliche Philosoph hat bereits 1781 mit sehr guten Gründen religiösen Glauben (»Was dürfen wir hoffen?«), sittliches Handeln (»Was sollen wir tun?«) und wissenschaftliches Erkennen (»Was können wir wissen?«) klar voneinander unterschieden. Sie sind eben sehr verschiedene, dennoch alle drei legitime, sich keineswegs widersprechende, sondern einander ergänzende Zugangswege zur Wirklichkeit des Menschen und seiner Welt. Die einzelnen Wissenschaften antworten auf die Fragen nach den beobachtbaren Fakten, die Ethik auf die Frage nach den handlungsorientierenden Normen und die Religion schließlich auf die nach einer umfassenden Sinnperspektive des Lebens. Kein Bereich kann den jeweils anderen ersetzen, ihm seine Arbeit abnehmen oder ihm Vorschriften machen. Wenn heute dennoch Wissenschaftler (Psychologen, Ärzte, Naturwissenschaftler usw.), die in ihrem Fachgebiet durchaus Beachtenswertes leisten, versuchen, ausschließlich mit Hilfe ihrer speziellen Beobachtungen umfassende philosophische oder theologische Theorien über das Ganze unserer Welt, über ihren Ursprung und ihr Ziel, oder auch über das Jenseits des persönlichen Todes aufzustellen, vergessen sie leicht diese notwendige Unterscheidung. Sie wollen im Grunde Religion und Glauben aufheben in die scheinbar höhere (weil heute öffentlich geachtetere) Form des »exakten Wissens« hinein.

Aber genau damit zerstören sie beides: auf der einen Seite das wissenschaftliche Denken selbst; denn sie überschreiten methodisch unsauber seine von ihm selbst genau definierten Grenzen und setzen es damit genauso absolut, wie es in früheren Zeiten die Theologen mit der Religion gegenüber den Naturwissenschaftlern, z.B. G. Galilei, taten (alle Sünden der Geschichte kehren wieder, nur unter neuen Vorzeichen ...). Auf der anderen Seite zerstören solche Versuche aber auch das religiöse Vertrauen, das sich nicht wissenschaftlich-empirisch begründen läßt. Denn keine Einzelwissenschaft kann, wenn sie sich wirklich an ihre eigenen methodischen Gesetze hält, mit diesen ihren Methoden und von ihren Voraussetzungen her auf die umfassende Frage nach einem endgültigen Sinn, der Leben und Tod des Menschen und seiner Welt umgreifen soll, antworten. Wenn sie dennoch so tut, als ob sie es könne, dann treibt sie in Wahrheit Etikettenschwindel. Denn sie ist dann nichts anderes als eine religiös-weltanschauliche Position, die sich aber den heute attraktiven Mantel des Wissenschaftlichen umlegt und damit viele wissenschaftsgläubige Menschen nachweislich in die Irre führt. Auch wenn diese Vermischung von Glauben und Wissen in vielen populären Medien heute gierig aufgegriffen wird, bleibt es dennoch unbestritten, daß sie absolut keinen wirklich begründeten Wissenszuwachs bringt. Dies kann allein einem Gespräch zwischen Glaube und Wissenschaft gelingen, das einander ergänzt, die bleibenden Unterschiede achtet, bestehende Widersprüche ausräumt und zugleich bestimmte Gemeinsamkeiten entdeckt. Diese Tatsache ist unter einigermaßen philosophisch geschulten Wissenschaftlern auch völlig akzeptiert.

Um nicht mißverstanden zu werden: Natürlich können auch Naturwissenschaftler, Ärzte, Psychologen, Therapeuten usw. ihre wissenschaftlichen Erkenntnisse mit einer religiös-weltanschaulichen Deutung versehen, welcher Richtung auch immer. Das bleibt jedem völlig unbenommen. Aber sie sollen dann auch intellektuell redlich zugeben, daß dies eben eine weltanschauliche Deutung ist und nicht ein wissenschaftlich beweisbares, zwingendes Ergebnis ihrer Forschung. Diese Ehrlichkeit könnte allerdings den öffentlichen Marktwert ihrer Bücher erheblich senken ...

2. Prognosen, Weissagungen und Projektionen als Erkenntnisquelle?

Wenn die religiöse Überzeugung von einem »ewigen Leben« u.ä. nicht durch wissenschaftlich beweisbare Beobachtungen und Experimente »abgesichert« werden kann, fragt man sich natürlich: Wie sind sie denn sonst zu begründen? Wie lassen sie sich unterscheiden von bloßen Wunschträumen und Projektionen unserer Sehnsucht? Bei der Antwort auf diese Fragen soll zunächst einmal der besondere sprachliche Charakter der christlichen Aussagen über die Zukunft »jenseits« unserer irdischen Zeit erläutert werden. Einige negative Abgrenzungen können verdeutlichen, was sie auf jeden Fall nicht sind:

(1) Sie sind keine »Prognosen« aufgrund bestimmter Be-

obachtungen (z.B. der Sterbeforschung oder physikalisch-kosmischer Gesetzmäßigkeiten), die in die nächste oder ferne Zukunft hinein verlängert, »extrapoliert« werden könnten (nach Art von »Hochrechnungen« oder soziologisch feststellbaren Trends). Solche Zukunftsprognosen bleiben notwendig innerzeitlich und können nichts über eine mögliche end-gültige »Vollendung« der Zeit selbst aussagen. Sie fallen in das Feld der »Futurologie«, die ja nicht nur unterhaltsame Science fiction oder haarsträubenden Unsinn enthält, sondern durchaus auch seriöse Zukunftsforschung; auf keinen Fall aber gehören sie zum Bereich der »Eschatologie«, der es eben um das Letzte und Endgültige, um die Vollendung der persönlichen und allgemeinen Zeit geht.

(2) Die christlichen Aussagen über diese Vollendung sind auch keine Ergebnisse von Weissagungen oder irgendwelchen geheimen Sonderoffenbarungen, die über zukünftige Ereignisse oder Zustände der Endzeit »informieren« und damit vor allem die menschliche Neugier befriedigen wollen. Sicher gibt es visionär oder sonstwie parapsychologisch begabte Menschen wie z.B. Nostradamus (1503–1566) oder Swedenborg (1688–1772), die mit Hilfe einer außergewöhnlichen Vorstellungskraft auch vorausschauende Aussagen über zukünftige Geschehnisse, ja sogar über das »Jenseits« machen. Was davon innergeschichtlich eintreffen wird oder nicht, läßt sich ja irgendwann nachprüfen; das geht beim »Jenseits« schon schwieriger ... Aber gerade da kann man mit Sicherheit sagen, daß solche »Seher« keinen unmittelbaren Einblick in die reale Wirklichkeit (das »An-sich«) des vollendeten Lebens bei Gott haben. Es bleibt – wie Gott selbst – unserem diesseitigen Anschauen verborgen. Der Tod bildet hier eine unübersteigbare Grenze. Darum gehen die meisten visionären oder okkulten Beschreibungen des »Jenseits« weithin auf das Konto einer starken seelischen Einbildungskraft, die sich natürlich auch aus verschiedensten Sehnsüchten und Ängsten, Erlebnissen und Erwartungen speist, aber auch aus vielen traditionellen oder zeitgenössischen Jenseitsvorstellungen (was sich z.B. bei

Swedenborg und seinem breit ausgemalten »Himmel des irdischen Familienlebens« gut zeigen läßt).

Was ihre sachliche Glaubwürdigkeit angeht, so gelten (vom christlichen Standpunkt aus) dieselben Kriterien wie bei den Berichten der sog. »klinisch Toten« (s. 1. Teil III B): Wenn sie dazu beitragen, die Angst vor dem Ende zu überwinden, das Vertrauen und die Hoffnung auf Gottes bleibende Treue zu stärken und zugleich die verantwortungsbewußte Liebe zu Gott und den Menschen im gegenwärtigen Leben zu vertiefen, können sie christlich als ein vorwegnehmendes Zeichen oder Gleichnis für die erhoffte Vollendung unserer Welt gedeutet werden.

Ein weiteres Problem vieler solcher Weissagungen (vor allem der apokalyptischen) besteht darin, daß sie vom Ende und Untergang der Welt so sprechen, als ob es sich um irgendwelche zukünftige Fakten innerhalb unserer irdischen Zeitlinie handelt, die von Gott her an einem fernen Kalendertag X in Raum und Zeit eintreten werden und die man dann auch allgemein beobachten kann. Diesem Irrtum fallen heute sehr viele christliche Endzeitsekten, aber auch kirchlich-apokalyptische Randgruppen zum Opfer. Demgegenüber gilt es festzuhalten: Die christliche Botschaft von der Vollendung der Welt versucht, das Unanschauliche dadurch zu veranschaulichen, daß sie in vielen Bildern, Symbolen und Vergleichen vom »Aufheben« der Zeit in ihre End-Gültigkeit hinein spricht. Ihr geht es dabei um die »Frucht der Zeit«, also um das, was aus unserer Zeit in die Ewigkeit Gottes hineingerettet wird. Das aber ist – genausowenig wie die Schöpfung als das Entspringen der Zeit aus der Ewigkeit Gottes – kein beobachtbares und beschreibbares »Faktum« in Raum und Zeit, das mit anderen geschichtlichen Fakten der Vergangenheit oder der Gegenwart verglichen werden könnte (vgl. Lk 17,20!).

(3) Christliche Aussagen über diese End-Gültigkeit sind auch nicht zu verwechseln mit bloßen Projektionen menschlicher Sehnsucht, die nach einem endzeitlichen Kontrastbild zu der unerträglichen Erfahrung des Elends

der Gegenwart ruft, um dieses überhaupt aushalten zu können. Denn das, was der christliche Glaube als endgültige Zukunft verheißt, beansprucht, das absolut Überraschende zu sein (G. Bachl), eben das, »was kein Auge gesehen und kein Ohr gehört hat, was keinem Menschen in den Sinn gekommen ist: Das Große, das Gott denen bereitet hat, die ihn lieben« (1 Kor 2,9). Es setzt zwar bei unserer Sehnsucht nach rundum gelingenden Leben an, es nimmt sie auch auf; aber es überbietet sie zugleich in einer für uns unbegreiflichen und darum auch unbeschreibbaren, nur symbolisch anzudeutenden Weise.

Als Ergebnis halten wir fest: Weder Prognosen noch Weissagungen noch Projektionen kennzeichnen die Eigenart christlichen Sprechens vom Ende der Zeit und dem, was »danach« kommt. Was bleibt aber dann positiv noch übrig?

3. Die Sprache der Hoffnung: »Dein Reich komme!«

Die biblisch-christlichen Aussagen über die endgültige Zukunft des einzelnen Menschen und der Welt im ganzen bezeugen ausdrücklich die Hoffnungsdimension unseres Glaubens. D.h. wir wissen es nicht, wir ahnen es nicht, wir prognostizieren oder weissagen es nicht, sondern wir hoffen, daß Gott seine ganze Schöpfung, die menschliche Geschichte und jedes einzelne Geschöpf zu seiner Vollendung im Reich Gottes führen wird, um so die ganze Geschichte der Welt zu beenden und ins ewige Leben Gottes hinein »aufzuheben«. Die Hoffnungsaussagen des Glaubens entfalten die Grundbitte des Vaterunser: »Dein Reich komme!« In ihnen spricht sich die bittende Hoffnung auf das endgültige Kommen Gottes und seines Reiches zum Heil der Schöpfung aus. Diese Hoffnung ist keineswegs ein vager, oberflächlicher Zukunftsoptimismus, sondern eine von starker Zuversicht, ja von einem erfüllungsgewissen Vertrauen beseelte Erwartung des kommenden Gottes. Die Vaterunser-Bitte

Jesu bleibt das entscheidende »Vorzeichen« vor allen christlichen Aussagen über Ende und Vollendung.

Darum dürfen diese auch niemals als angstmachende »Drohbotschaft« mißbraucht werden (was leider oft genug geschehen ist). Sie haben ihren Platz eindeutig innerhalb der Frohen Botschaft Jesu vom nahen Reich Gottes. Sie versuchen, in einer Vielfalt von Symbolen (z.B. der Mahlgemeinschaft, des himmlischen Jerusalem, der Hochzeit von Braut und Bräutigam, der Scheidung zwischen Gut und Böse, der Entmachtung des Bösen, der Wiedergewinnung des Paradieses u.a.) jenes Heil in den Blick zu bekommen, dessen Vorgeschmack das Volk Gottes schon in der ganzen Bundesgeschichte Israels und vor allem in Jesus Christus glaubend erfahren hat: nämlich daß diesem bereits auf Erden uns zugänglichen Heil von Gott her auch eine Vollendung zugesagt ist, in der die ganze (dazu bereite) Schöpfung in die endgültig versöhnende Gemeinschaft mit Gott aufgenommen wird. Das uns in Jesus Christus bereits geschenkte und gläubig angenommene Heil wird in der christlichen Hoffnung buchstäblich »zu Ende gedacht«. Sie erzählt von dem, was mit uns und der ganzen Erde geschehen wird, wenn Gottes menschgewordene Liebe wirklich einmal »alles in allem« (1 Kor 15,28) sein wird, eben das einzige Gestaltungsprinzip unserer Welt.

4. Dem Versprechen Gottes trauen

Eine Frage bleibt aber immer noch offen: Was berechtigt den christlichen Glauben dazu, auf eine solche Vollendung jedes einzelnen Menschen und der ganzen Schöpfung begründet zu hoffen? Warum fällt diese Hoffnung nicht letztlich auch unter das alte Sprichwort: »Hoffen und Harren macht manchen zum Narren«? Aus welchem Grund »verlängern« wir in der Hoffnung die Heilserfahrung mit Jesus Christus, mit seinen Sakramenten, mit der Gemeinschaft der Glaubenden im »Leib Christi« auf eine umfassende Vollendung der ganzen Welt hin? Wie wird der besondere Wahrheitsanspruch solcher Aussagen vernünftig begründet, so daß er von bloßen Prognosen, Weissagungen oder Projektionen unterschieden werden kann? Um das zu klären, möchte ich zunächst etwas allgemein zur Haltung der »Hoffnung« sagen.

Sie läßt sich charakterisieren als den ganzen Menschen ergreifende Antwort seines Herzens auf ein Versprechen. Was aber ist ein Versprechen? Wenn ich z.B. verspreche, bald zu kommen, will ich damit keineswegs bloß ein objektives Faktum in der Zukunft behaupten (»So und so wird es sein«). Es enthält aber auch keine ethische Handlungsaufforderung (»Nun tu das endlich!«). Nein, im Versprechen mache ich einem anderen eine Zusage; nämlich die Zusage eines Geschehens, dessen künftige tatsächliche Verwirklichung durch mein Versprechen in Aussicht gestellt wird, und die von mir, dem Versprechenden, durch dieses Wort und vor allem durch mein entsprechendes Tun in Gang gesetzt wird. Ob ein Versprechen also wahr ist und wirklich eingelöst wird, das kann nicht einfach durch theoretische oder gar wissenschaftliche Argumente begründet werden, sondern nur durch ein »konsistentes«, stimmiges Verhalten, das dem Versprechen entspricht. Darauf verläßt sich der, dem das Versprechen gegeben wurde; gerade dann, wenn er den Versprechenden bereits oft genug als verläßlich und treu erlebt hat. Insofern weckt das Versprechen dann eine aus der zwischenmenschlichen Erfahrung heraus gut begründete Hoffnung.

Wenn wir nun diese Überlegungen auf die christliche Hoffnung übertragen, können wir sagen: Christliche Hoffnungsaussagen enthalten die Antwort des Volkes Gottes auf das große Versprechen Gottes: nämlich sein geschichtliches Handeln mit dem Volk Gottes zu einem endgültigen, die ganze Schöpfung einbeziehenden Heil zu führen.

Wie aber können wir dieses Versprechen Gottes erkennen? Natürlich nicht so »direkt« wie ein Versprechen unter Menschen; aber doch auf menschlich vermittelte Weise.

Darum gibt es auch eine Vielfalt von Zugangsweisen, um in unserer Welt die Spuren dieses Versprechens Gottes entdecken zu können. So können es z.B. die nach Heil suchenden und fragenden Menschen aller Religionen grundlegend in der ganzen Schöpfung wahrnehmen, in ihrem beständigen Rhythmus von Leben, Vergehen und wieder neuem Leben: als das Versprechen, daß das Leben doch einmal endgültig stärker sein wird als der Tod. Oder: Im Grunde ist jedes Kind eine solche Spur: »Wenn man von einem Kinde redet, spricht man niemals den Gegenstand, sondern immer nur seine Hoffnung aus« (J. W. Goethe), die Hoffnung darauf, daß das im Kind so vielversprechend angelegte höhere Maß an Menschlichkeit, Vertrauen und Liebenswürdigkeit einmal allgemein den Umgang der Menschen miteinander bestimmen wird.[5] Oder: Das Versprechen Gottes läßt sich in jeder liebenden Beziehung wahrnehmen. In ihr kann einem immer neu aufgehen, daß der oder die Andere ein großes Versprechen ist, ein Versprechen von ungetrübt glückender Freundschaft und Liebe; ein Versprechen, das er oder sie aber selbst doch nie einlösen kann und das deswegen immer von neuem die Hoffnung der Liebenden weckt, daß es vielleicht einmal von ganz anderswoher erfüllt werden kann. Oder: Wir können das Versprechen Gottes erfahren im beharrlichen Tun der Nächstenliebe, die auf Dauer doch nur von dem ihr innewohnenden Versprechen lebt, daß sie nicht ein (letztlich nutzloser) Tropfen auf den heißen Stein ist, sondern viel eher der Anfang eines Regens, »der aus Wüsten Gärten macht«; daß also die Welt durch Liebe wirklich verwandelt werden kann, obwohl alle Fakten dagegen zu sprechen scheinen. Schließlich kann jemand auch, wenn er erinnernd Rückblick hält über größere Phasen seiner eigenen Lebensgeschichte, gerade mit ihren vielen Erfahrungen des schmerzlichen Scheiterns, aber auch hoffnungsvoller Neuaufbrüche, des Versprechens Gottes »inne werden«: daß es nicht ewig bei diesem Hin und Her bleiben wird, sondern daß unser Leben (wenn auch oft nur sehr verborgen) einem guten Ziel zugeführt wird, so daß es auch im Tod einmal in ein endgültig stimmiges und geglücktes Leben einmünden wird.

Über diese in unsere Welt bereits von der Schöpfung her eingeschriebenen Zeichen hinaus vernimmt der glaubende Mensch dieses Heils-Versprechen Gottes aber ganz eindeutig und ausdrücklich in der Befreiungsgeschichte Israels mit ihrem Höhepunkt in der Lebensgeschichte Jesu Christi, gerade in seiner Botschaft vom Reich Gottes und in seinem Sterben und Auferstehen. Dieses große Versprechen (biblisch: »Verheißung«) eines endgültig versöhnten Lebens aller Geschöpfe bei Gott ist das Leitmotiv, das sich durch alle Heiligen Schriften des Alten und Neuen Bundes durchhält.

Aber ist dieses Versprechen auch wahr? Ist es keine trügerische Hoffnung, die davon geweckt wird? Es ist klar, daß die Wahrheit auch dieses Versprechens schon vom Wesen des Versprechens her (s.o.) nicht durch noch so scharfe theoretische Argumente begründet werden kann. Sie kann nur in einem »lebenspraktischen« Prozeß erkannt werden, bei dem es auf alle Erkenntnisfähigkeiten des Menschen ankommt: auf die seiner Vernunft genauso wie auf die seiner Seele und seiner Sinne. Also da, wo Menschen gemeinsam beginnen, dem in der Hl. Schrift und in der Verkündigung der Kirche bezeugten Wort Gottes und zugleich den vielen (wenn auch meist sehr verborgenen) Spuren des Heils in unserer Welt zu trauen; wo sie es wagen, darauf ihr Leben »im Letzten« zu bauen und dementsprechend zu leben und zu handeln – da kann in und hinter all diesen menschlichen Worten und Zeichen die Macht einer unbedingt »konsistenten«, verläßlichen Treue erfahren werden. Es ist die Macht einer in allem dabeiseienden Sympathie, die wir im jüdisch-christlichen Glauben »Gott« nennen: der »Ich-bin-da« (Ex 3,14).[6] Solchen Menschen wird die ganze Wirklichkeit mehr und mehr zur Spur dieses Gottes und seines Versprechens; bei ihnen wächst ein tiefes Zutrauen zu dieser Wirklichkeit, aus der heraus sie versuchen, ihr gerecht zu werden, ihr überall in unzerstörbarer

»Sympathie« zu begegnen, also in allen Bereichen des Lebens »humanisierend« und heilend zu wirken. Genau darin können sie dann auch die Wahrheit ihrer Sicht der Wirklichkeit als eines Versprechens Gottes und damit auch ihrer Hoffnung auf endgültiges Heil erkennen: Sie ist wahr, weil sie sich bewährt im heilenden Umgang mit der Wirklichkeit. Die endgültige Bewährung dieses hoffenden Vertrauens kann allerdings erst dann eintreten, wenn wir Menschen mit unserer Welt an unserem letzten Ziel im Reich Gottes angekommen sind.

Daß wir diese Bewährung unserer Hoffnung erfahren können, jetzt schon und einst am Ende aller Wege, dafür müssen wir allerdings den Preis des »Trauens« zahlen: Wir vertrauen, daß unsere Wirklichkeit von einer unendlichen Treue getragen und so zum Heil geführt wird. Dieser Preis erscheint heute vielen Menschen in unserer Kultur entschieden zu hoch. Aber was ist die Folge, wenn dieser Preis nicht bezahlt wird? Der anglikanische Theologe und Schriftsteller Gilbert Keith Chesterton brachte es auf die eingangs zitierte geistreiche Formel: »Wenn die Menschen nicht an Gott glauben, glauben sie nicht an nichts, sondern an alles.« Alles Erdenkliche wird zum Gegenstand menschlichen Glaubens und Hoffens, wenn Gottes Treue und ihr Heils-Versprechen nicht mehr im Blick ist.

Aber auch das hat seinen Preis; denn Endzeit- und Jenseitshoffnungen ohne Gott stammen erfahrungsgemäß meist aus Neugier oder Angst, aus unterhaltsamer Spekulationslust oder aus dem Willen, auch über die Zukunft genau Bescheid zu wissen und sie in den Griff zu bekommen. Eine solche Beschäftigung mit dem Ende der Zeit entfremdet aber häufig die Betreffenden von ihrer realen, gegenwärtigen Lebenswelt; sie dient eher zur Flucht aus der nüchternen Alltagsrealität in irgendwelche künstliche (zuweilen auch sehr religiös drapierte) Traumwelten.

Dagegen wird die biblisch-christliche Hoffnung von einem ganz anderen Impuls getragen: In ihr verbindet sich wie bei Jesus das gelassene Erwarten des von Gott her kommenden Heils notwendig mit dem unermüdlichen Einsatz für das geschöpfliche Leben hier und jetzt in all seinen Formen. Menschen, die so hoffen können, versuchen nicht nur, Zeichen des endgültigen Heils im Vorläufigen dieser Geschichte wahrzunehmen, sondern sie tun auch alles ihnen Mögliche, um mitten in einer Welt, die dem erhofften Ziel völlig zu widersprechen scheint, in der Kraft des Geistes Gottes selbst Vor-Zeichen dieser Vollendung zu setzen. Es sind dieselben Vorzeichen, die Jesus mit dem Kommen des Reiches Gottes in seiner Verkündigung und in seinem Tun verbunden hat: den dunklen Mächten des Bösen, des »Dämonischen« entschieden zu widerstehen und unverzagt die heilende Macht der Güte und der Gerechtigkeit Gottes auszubreiten, gerade da, wo menschlich gesehen alles heillos verloren zu sein scheint (vgl. Mt 25,31ff). Diese »Leidenschaft für das Mögliche« (S. Kierkegaard), für die unausdenkbaren Möglichkeiten Gottes mit seiner Schöpfung, sie kann als die entscheidende Bewährungsprobe der christlichen Hoffnung, als das Kriterium ihrer Wahrheit gelten. Sie ist nur wahr – nach einem abgewandelten Wort Karl Rahners – als »Hoffnung, die die Erde liebt«.[7]

II. Wie steht es heute um den christlichen Glauben an die »Letzten Dinge«?

Bisher haben wir nur recht abstrakt vom eigentlichen Gegenstand der christlichen Hoffnung gesprochen. Wir benutzten dafür meist geläufige theologische Kurzformeln wie: letztes und end-gültiges Heil, Vollendung der Schöpfung im Reich Gottes, Aufgehobensein der persönlichen und allgemeinen Geschichte in der Ewigkeit Gottes u.a. Was verbirgt sich aber an konkreten Vorstellungen dahinter? Welche realen Inhalte assoziieren Christen heute, wenn sie im großen Credo der Kirche die Erwartung des »Lebens der kommenden Welt« bekennen? Dazu möchte ich eingangs nur kurz das weite Feld religionssoziologischer Untersuchungen berühren, die ja sehr genaue Erhebungen über die tatsächlich vorhandene Akzeptanz christlicher Glaubens- und Hoffnungsaussagen in unserer Kultur vorlegen können.[8]

1. Die religionssoziologische Ernüchterung

Aus der religionssoziologischen Perspektive läßt sich die Situation grob so umschreiben: Die spezifisch christlichen Hoffnungsthemen (wie Auferstehung von den Toten, Himmel, Jüngstes Gericht) werden in Deutschland (mit starken Unterschieden in Ost und West) insgesamt nur noch von einem knappen Drittel der Bevölkerung mehr oder weniger entschieden angenommen (die Zahl nimmt seit vielen Jahren ständig ab); ein weiteres Drittel äußert sich eher unentschieden, das letzte Drittel klar ablehnend. Eine schwache Mehrheit kann gerade noch der »diffusen Kompromißformel« zustimmen, daß »meine Seele in irgendeiner Form weiterlebt«.[9] Daß sich darunter natürlich die verschiedensten Vorstellungen und Motive sammeln können, ist klar: z.B. ein Weiterleben in Form vieler Wiedergeburten; oder der Wunsch, das narzißtisch geliebte Selbst auch im Tod nicht loslassen zu wollen; oder ein spiritualisiertes Besitzstanddenken, das den relativ zufriedenstellenden Status quo einer geordneten Existenz auch durch den Tod nicht in Frage gestellt sehen möchte usw.

Bezeichnend für die schwindende Akzeptanz christlicher Hoffnungsgehalte hierzulande dürfte nach M. N. Ebertz die Tatsache sein, daß nur noch ein Drittel der deutschen Bevölkerung einen inneren Zusammenhang sieht zwischen der Antwort auf die Frage nach dem Sinn des Lebens und der Glaubensüberzeugung von der Existenz Gottes oder eines Weiterlebens nach dem Tod. Stattdessen werden Sätze wie »Das Leben hat nur dann einen Sinn, wenn man ihm selber einen gibt« oder: »Ich habe meine eigene Weltanschauung, in der auch Elemente des christlichen Glaubens enthalten sind« zu Grundbausteinen einer »kulturellen Leit- bzw. religiösen Konsensformel der neunziger Jahre und darüber hinaus«.[10]

Diesen realen gesellschaftlichen Hintergrund unseres christlichen Sprechens von einem endgültigen Heil (des einzelnen und der ganzen Welt) bei Gott müssen wir uns sehr bewußt halten, wenn wir nicht von völlig illusorischen Erwartungen in unserer Glaubensverkündigung ausgehen wollen. Es gibt eben auch unter den getauften Christen, die mit der Kirche irgendwie in Kontakt bleiben wollen und die ja immerhin etwa 60–70 Prozent der Bevölkerung bei uns ausmachen, nur noch eine Minderheit, die mit den kirchlichen Aussagen vom »Leben der kommenden Welt« einigermaßen übereinstimmt. Der kulturelle Synkretismus, also das Verknüpfen von Vorstellungen aus den verschiedensten, oft einander im Zentralen widersprechenden Hoffnungstraditionen beherrscht eindeutig das Feld bei uns. Um so wichtiger ist es, in dieser Situation sowohl das spezifische Profil der christlichen Hoffnung unverfälscht herauszuarbeiten als auch zugleich Brücken zu bauen, die diese Hoffnung mit den kulturellen Plausibilitäten im Gespräch bleiben läßt. Beides ist für die missionarische Ausstrahlung der christlichen Hoffnung in unsere Kultur hinein unerläßlich, so schwer es auch oft miteinander zu verbinden ist. Wir werden darauf ausführlich im III. Kapitel dieses 1. Teils eingehen. Zunächst aber wollen wir noch etwas genauer der Frage dieses Kapitels nachgehen: nämlich wie sich die genuin christliche Hoffnung bei den glaubenden Christen heute konkret äußert.

2. Neuere Kirchenlieder als Spiegel gegenwärtiger Hoffnungssprache

Nach dem alten kirchlichen Grundsatz: »Lex orandi lex credendi« (d.h. das Gesetz bzw. die Weise des Betens ist auch das Gesetz bzw. die Weise des Glaubens) dürfte die Antwort auf unsere Fragen am ehesten beim gemeinsamen Beten und Singen der Gläubigen zu entdecken sein. Darum möchte ich hier einige neuere Kirchenlieder auf ihre Vorstellungen von Ende und Vollendung hin untersuchen. Die jeweils herrschende Kultur des Kirchenliedes vermag durchaus einen gewissen repräsentativen Eindruck von der im Gottesvolk lebendigen Hoffnung und ihren sich wandelnden Vorstellungen zu vermitteln. Dabei zeigt sich, daß das existierende Hoffnungsspektrum auch unter den aktiven Christen (wohl nicht nur im deutschsprachigen Raum!) recht groß ist. Deutlich lassen sich dabei fünf Akzente herausheben, die sich zwar bei aller Verschiedenheit weder theologisch noch im persönlichen Glaubensvollzug gegenseitig ausschließen müssen, die aber auch nicht immer leicht miteinander zu versöhnen sind. Dies gilt bereits für die große Vielfalt alt- und neutestamentlicher Hoffnungsweisen, auf die sich die heutigen weitgehend zurückführen lassen.

Bei den Liedtexten konzentriere ich mich jeweils auf die

beiden Fragen: (1) Wer ist das Subjekt der erhofften Vollendung? Für wen wird hier gehofft? (2) Was ist der spezifische Inhalt dieser Hoffnung? Was wird hier erhofft? – Nun zu den einzelnen Liedern:

a) Das letzte Ziel der irdischen Pilgerschaft

Wir kommen und gehen[11]

(1) Wir kommen und gehen, Wolken im Wind,
wer kann es verstehen, wozu wir sind?
Wir kommen und gehen, Spuren im Sand,
die Spuren verwehen, keinem bekannt.
(2) Wir gehen und wandern, wer treibt uns voran?
Von einem zu andern, wer zieht uns an?
Wir gehen und hoffen, gegen den Schein,
Die Zukunft ist offen, sind wir nicht sein?

In diesem wohl nicht allzu bekannten Lied steht die Erfahrung der Vergänglichkeit des menschlichen Lebens im Vordergrund, das darum immer wieder von der Frage nach dem »Wozu?« und »Wohin?« bedrängt wird. Der Mensch erlebt sich heute wie zu allen Zeiten und in allen Kulturkreisen auch als fremd und heimatlos auf dieser Erde, so flüchtig vorübergehend wie die »Wolken im Wind« und die »Spuren im Sand«. Angesichts dieser Erfahrung klingt hier das alte geistliche Motiv von der »Pilgerschaft« wieder an: »Wir gehen und wandern ...«. Das irdische Leben gilt als eine ständige, ruhelose Pilgerschaft auf die ewige Heimat bei Gott zu. Die 2. Strophe spielt eher fragend-hoffend darauf an: Ist er nicht die treibende und anziehende Kraft, hält er nicht die Zukunft offen, gehören wir nicht ihm, sind wir nicht sein? »Unsere Heimat aber ist im Himmel« – so hat es in klassischer Kürze bereits Paulus in Phil 3,20 auf den Punkt gebracht. Das Subjekt dieser Hoffnung im Pilgerstand ist primär der einzelne Mensch, der sich als Mensch seiner Endlichkeit ausgeliefert erfährt und darum unweigerlich nach Ziel und Sinn seines Lebens fragt. Hier äußert sich also eine Hoffnung, die bei einer anthropologischen, allen Menschen zugänglichen Grunderfahrung ansetzt; der christliche Glaube greift sie auf und integriert sie in seine Erwartung der Zukunft Gottes. Als Inhalt dieser Hoffnung läßt sich das endgültige Ankommen am Ziel der Pilgerschaft, also bei Gott im Himmel benennen.

Diese Hoffnungsweise findet sich nur noch sehr gelegentlich unter den neuen geistlichen Liedern; sie spiegelt eben doch zuwenig die typische Lebens- und Hoffnungsperspektive jüngerer Menschen wider, von denen diese Lieder ja am ehesten gesungen werden. Dagegen dürfte sie bei den älteren Christen auch heute noch die bevorzugte Hoffnungsweise sein. Insofern haben wir es hier mit einer generationsspezifischen Hoffnung zu tun. Das zeigt sich u.a. auch daran, daß diese Hoffnung viel häufiger und ausdrücklicher als im neuen geistlichen Lied in den einschlägigen Liedern im »Gotteslob« zur Sprache kommt, die unter dem Stichwort »Tod und Vollendung« zu finden sind (GL 654–664). Hier wird durchgehend diese »Hoffnung im Pilgerstand« bezeugt. Auch das ist verständlich, da diese Lieder ja vornehmlich beim Begräbnis eines Verstorbenen gesungen werden; dort bekundet die Gemeinde ihre Hoffnung, daß dieser Mensch nicht nur am Ende seines Lebens angekommen ist, sondern auch das Ziel seines Lebens erreicht hat, das ewige Leben bei Gott.

b) Die messianische Erneuerung der Erde

Alle Knospen springen auf[12]

(1) Alle Knospen springen auf, fangen an zu blühen.
Alle Nächte werden hell, fangen an zu glühen.
Knospen blühen, Nächte glühen.
Knospen blühen, Nächte glühen.
(2) Alle Menschen auf der Welt fangen an zu teilen,
Alle Wunden nah und fern fangen an zu heilen.

Menschen teilen, Wunden heilen,
Knospen blühen, Nächte glühen.
(3) Alle Augen springen auf, fangen an zu sehen.
Alle Lahme stehen auf, fangen an zu gehen.
Augen sehen, Lahme gehen,
Menschen teilen, Wunden heilen,
Knospen blühen, Nächte glühen.
(4) Alle Stummen hier und da fangen an zu grüßen.
Alle Mauern tot und hart werden weich und fließen.
Stumme grüßen, Mauern fließen,
Augen sehen, Lahme gehen,
Menschen teilen, Wunden heilen,
Knospen blühen, Nächte glühen.

Diese Gattung von »Hoffnungsliedern« ist im neuen geistlichen Liedgut außerordentlich verbreitet: z.B. »Kleines Senfkorn Hoffnung«; »Andere Lieder wollen wir singen«; »Kennst du das alte Lied«; »Ein neuer Himmel, eine neue Erde«; »Komm, bau ein Haus«; »Ihr Mächtigen, ich will nicht singen« usw. Im »Gotteslob« dagegen findet sie sich eigentlich nur im jeweiligen Diözesanteil, soweit darin bereits neuere Lieder aufgenommen sind. In diesen Liedern kommt deutlich der theologische und musikalische Aufbruch der 70er und der frühen 80er Jahre zur Sprache, der die gesellschaftliche Dimension der christlichen Hoffnung, ihre »Leidenschaft für das Mögliche« und den Einsatz für die Veränderung unserer Welt auf das verheißene Reich Gottes hin wieder neu entdeckte. Im Hintergrund stehen hier zweifellos die Konzilskonstitution »Die Kirche in der Welt von heute« (»Gaudium et spes«) oder der Grundtext der bundesdeutschen Synode in Würzburg (1971–1975): »Unsere Hoffnung – Ein Bekenntnis zum Glauben in dieser Zeit«; oder auch J. Moltmanns theologischer Bestseller »Theologie der Hoffnung« (1964), der damit E. Blochs großes Werk »Das Prinzip Hoffnung« in ein anregendes Gespräch mit der Theologie brachte.

Anknüpfend an die Reich-Gottes-Verkündigung Jesu

und an seine Zeichenhandlungen (im Lied: Menschen fangen an zu teilen, Wunden heilen, Augen springen auf, Lahme gehen, Stumme grüßen, Mauern werden eingerissen) meldet sich hier wieder die bei den Propheten Israels (bes. bei Deuterojesaja) geweckte und von Jesus bewußt aufgegriffene Hoffnung auf die jetzt anbrechende messianische Zeit zu Wort. Sie erwartet ein umfassend gelingendes Leben im endzeitlichen Schalom, durch den der »Gesalbte Gottes« (= der Messias oder der Christus) der Unversöhntheit dieser Geschichte ein Ende bereitet. Das Reich Gottes, d.h. Gottes Gerechtigkeits-, Friedens- und Lebenswille schafft sich bereits hier und jetzt Raum, gerade durch unser menschliches Tun. Die von Menschen gesetzten Zeichen befreiender und heilender Liebe (sowohl im privat-lebensweltlichen als auch im strukturell-politischen Bereich) werden als reale Vor-Zeichen der endgültigen Versöhnung gedeutet.

Das Subjekt dieser so erhofften und bereits jetzt anbrechenden Vollendung ist weniger der einzelne als vielmehr das gesellschaftliche Zusammenleben der Menschen, und dies in einer universalen Perspektive (»Alle Knospen springen auf ...«). Die Universalität dieser Hoffnung gründet auch nicht in dem anthropologischen Datum der Endlichkeit des Menschen, sondern in der Universalität des verheißenen Reiches Gottes, das alle menschlichen und gesellschaftlichen Verhältnisse umfassen soll. Inhaltlich richtet sich diese Hoffnung darum auch weniger auf den Himmel jenseits der Todesgrenze, sondern eher auf den von Gottes Heilswillen getragenen, die menschliche Freiheit zur Mitgestaltung einladenden Prozeß der endgültigen Erneuerung und Vermenschlichung des Lebens auf dieser Erde.

Daß diese Erneuerung auch den Tod und die Auferstehung der Toten, also ein völlig verwandeltes Leben in einem »neuen Himmel« und auf einer »neuen Erde« miteinschließt, wird von dieser Hoffnung keineswegs geleugnet, aber auch nicht ausdrücklich thematisiert. Denn im Unterschied zur erstgenannten Hoffnungsweise geht es hier weniger um den Kontrast zwischen diesseitiger Fremde und jen-

seitiger Heimat als vielmehr um die Kontinuität, den un-
löslichen Zusammenhang zwischen Erde und Himmel, zwischen menschlicher Geschichte und Reich Gottes. Alles,
was in dieser Geschichte in Liebe erlitten und getan ist, wird
einmal endgültig im Reich Gottes »aufgehoben« sein. So
formuliert es das II. Vatikanische Konzil in seiner Pastoral-
konstitution »Die Kirche in der Welt von heute« im Zusammenhang mit der Verheißung der neuen Erde und des neu-
en Himmels (GS 39):

> Die Liebe wird bleiben wie das, was sie einst getan hat ...
> Alle guten Erträge der Natur und unserer Bemühungen,
> nämlich die Güter menschlicher Würde, brüderlicher
> Gemeinschaft und Freiheit, müssen im Geist des Herrn
> und gemäß seinem Gebot auf Erden gemehrt werden;
> dann werden wir sie wiederfinden, gereinigt von jedem
> Makel, lichtvoll und verklärt, dann nämlich, wenn Chri-
> stus dem Vater »ein ewiges, allumfassendes Reich
> übergeben wird: das Reich der Wahrheit und des Lebens,
> das Reich der Heiligkeit und der Gnade, das Reich der
> Gerechtigkeit, der Liebe und des Friedens«. Hier auf
> Erden ist das Reich schon im Geheimnis da, beim Kom-
> men des Herrn erreicht es seine Vollendung.

Allerdings ist diese Hoffnung bei uns inzwischen bereits in
eine Krise geraten. In ihrem Überschwang zeigte sie sich
gelegentlich doch allzu anfällig für neuzeitliche Utopien
(z.B. des Marxismus, des Sozialismus oder irgendwelcher
naiver sozialromantischer Zukunftsentwürfe), die das Reich
Gottes (allerdings meistens ohne Gott) unvermittelt mit bestimmten geschichtlich-gesellschaftlichen Idealzuständen
identifizierten. Dabei vergaßen sie leicht den Charakter des
Vorläufigen, des Gleichnishaften und des Fragmentarischen
aller innergeschichtlichen Vorwegnahmen dieses Reiches.
So muß diese in der messianischen Hoffnungstradition Israels und der Kirche wurzelnde Hoffnung immer an Lk
17,20ff. erinnert werden: »Das Reich Gottes kommt nicht

so, daß man es an äußeren Zeichen erkennen kann; man kann auch nicht sagen: Seht, hier ist es oder dort ist es. Das Reich Gottes ist schon mitten unter euch« – eben in der Gestalt Jesu Christi, in seiner Verkündigung und in seinen Zeichenhandlungen. Nach Ostern ist diese Gegenwart des Reiches Gottes uns nur noch gegeben im Zusammenhang mit dem entscheidenden Zeichen, das Gott uns im gekreuzigten und auferstandenen Messias geschenkt hat. Das heißt: Alle von uns Menschen im Geist der Liebe und Gerechtigkeit Gottes gesetzten Vor-Zeichen des Reiches Gottes bleiben innergeschichtlich dem Scheitern am Kreuz ausgesetzt; sie können ihre bleibende »Frucht« nur von Gottes Toten erweckendem Handeln erwarten, das unsere Geschichte beendet und zugleich bewahrt in seinem überzeitlichen »Leben der kommenden Welt«.

Eine vermittelnde Rolle zwischen den beiden bisher vorgestellten Akzenten spielt eine dritte Hoffnungsweise, die zwar weder im traditionellen noch im neuen Kirchenlied allzu häufig anzutreffen ist, dafür aber theologisch treffend die Theologie des II. Vatikanischen Konzils widerspiegelt:

c) Das Volk Gottes auf dem Weg zum Reich Gottes

Gott, der du warst und bist und bleibst[13]

(1) Gott, der du warst und bist und bleibst,
wohne unter uns,
der du uns Glauben ins Herz hineinschreibst,
wohne unter uns, unter uns.
Kehrvers:
Wir haben hier keine bleibende Stadt,
vielmehr die kommende suchen wir;
wir haben hier auch kein bleibendes Haus,
aber ein Zelt, aber ein Zelt,
ein Zelt der Begegnung mit dir.
(2) Gott, der du für und mit uns bist, wohne unter uns,
daß Liebe wachse, die langmütig ist,

wohne unter uns, unter uns. KV.
(3) Gott, Lebensquell und letzter Halt, wohne unter uns,
daß Hoffnung blühe, dann wird uns nicht kalt,
wohne unter uns, unter uns. KV.
(4) Gott, Vater, Sohn und Heiliger Geist,
wohne unter uns,
daß dein Reich komme, wie du es verheißt,
wohne unter uns, unter uns. KV:

Auch dieses Lied kreist um das Motiv »Unterwegssein« (wie das erste); auch hier geht es um das Kommen des Reiches oder der Stadt Gottes (wie im zweiten Lied). Aber das Besondere dieser Hoffnungsweise liegt darin, daß das Subjekt, für das gehofft wird, nicht jeder einzelne Mensch als Pilger und auch nicht die Menschheitsgeschichte als ganze in ihrer Erneuerung ist, sondern (bescheidener) das Volk Gottes auf seinem Weg durch die Geschichte. Das bedeutet: Das Subjekt wird hier viel konkreter gefaßt; es ist das Volk Gottes, das die einzelnen Pilger mit der Menschheit im ganzen vermittelt. Hier kommt ein zentrales Kirchenmotiv des II. Vatikanischen Konzils deutlich zur Geltung: Die Kirche ist das pilgernde Volk Gottes und als solches das »Sakrament des Heils«, das konkrete Zeichen und Werkzeug Gottes im Dienst der universalen Versöhnung aller Menschen.

Dieses Volk deutet seine Existenz in der Welt von Anfang an, vom Exodus Israels aus Ägypten an als Pilgerschaft (vgl. auch die Theologie des Hebräerbriefs). Aber dies nicht aufgrund der allgemeinen menschlichen Vergänglichkeit, sondern aufgrund seiner Berufung und Befreiung durch Jahwe, durch die in allem dabeiseiende Treue des »Ich bin da«. Das Dasein in der Welt wird darum auch keineswegs einfachhin als Fremde oder Heimatlosigkeit verstanden. Denn Gott wohnt bereits bei seinem Volk, eben im »Zelt der Begegnung«. Dieses Zelt ist immer da aufgerichtet, wo Menschen sich in Glaube, Hoffnung und Liebe Gott öffnen und ihn darin als Gott ihrer Vergangenheit, ihrer Gegenwart und ihrer Zukunft erfahren, als »Gott für und mit uns«, als »Lebensquell und letzter Halt«, ja, als »Vater, Sohn und Geist«. Gottes Herrschaft und Reich ist zwar bereits gegenwärtig, allerdings in der Weise des ständigen Aufbrechens und Unterwegsseins, der hoffenden Weggemeinschaft des Volkes Gottes. Von dieser ist niemand ausgeschlossen. Alle, die in vergleichbarer Weise ihr endgültiges Heil nicht in dieser Welt suchen oder finden, sind eingeladen, mitzuwandern; vor allem die Armen, deren Hoffnung auf gelungenes Leben durch die realen Verhältnisse stets am stärksten enttäuscht wird.

Den Inhalt dieser Hoffnung bildet – in der Bildsprache des Liedes – die Umwandlung des »Zeltes der Begegnung« in die endgültig bleibende Stadt Gottes, in das himmlische Jerusalem, das keinen Tempel (»Zelt der Begegnung«) mehr braucht, weil nach Offb 21,22 Gott selbst und das Lamm in unmittelbarer Präsenz der Tempel, also der Ort der Begegnung sind. Theologisch geht es hier um die »Aufhebung« des Volkes Gottes, der irdischen Kirche in das Reich Gottes hinein, in dem auch alle vermittelnden Zeichen, alle Sakramente und Strukturen an ihr Ende kommen. Denn dann ist die Zeit der gemeinsamen Pilgerschaft mit ihrem ständigen Angefochtensein von Sünde und Tod endgültig an ihr Ziel gekommen; Gott ist endgültig »alles in allem«.

d) Die Vollendung der Welt durch ihren Untergang hindurch

Wir wissen nicht[14]

(1) Wir wissen nicht, wann diese Zeit
zum letzten Ende geht,
wir glauben nur, daß Glück und Leid
und Zukunft und Vergangenheit
in Gottes Händen steht,
in Gottes Händen steht.
(2) Wir wissen nicht, wann diese Welt
zerstauben wird im All,

wir glauben nur, daß Gott sie hält
und neu sie schafft, wenn's ihm gefällt
aus Wahnsinn und Zerfall
aus Wahnsinn und Zerfall.
(3) Wir wissen nicht, was uns noch blüht,
und unsern Enkeln droht,
wir glauben nur, gleich, was geschieht
nichts gibt es, was uns ihm entzieht,
dem Herrn in Wein und Brot,
dem Herrn in Wein und Brot.

Komm, Herr Jesu, komm[15]

(1) Komm, Herr Jesu, komm, führ die Welt zum Ende,
daß der Tränenstrom sich in Freude wende.
Brenn das Haus der Zeit hin in deinen Feuern;
wolle es erneuern in der Ewigkeit.
(2) Alle Kreatur liegt mit uns in Wehen;
dein Erbarmen nur läßt sie heil erstehen.
Was da wehrlos ist und im Bann des Bösen,
komm, es zu erlösen, komm, Herr Jesu Christ.
(3) Nüchtern und bereit laß uns, Herr, hier leben
und in Lauterkeit von dir Zeugnis geben.
Wie es dir gefällt, laß uns sein und handeln,
daß wir selbst uns wandeln und erneun die Welt.
(4) Komm, du Menschensohn,
laß dein Reich erscheinen;
denn vor deinem Thron wird sich alles einen.
Friedvoll, neu und fromm steigt herauf die Erde:
Amen, daß es werde, komm, Herr Jesu, komm.

Solche apokalyptisch gestimmten Endzeiterwartungen sind
heute zwar in der modernen Literatur und Kunst zu Hause,
wenn auch meist ohne die ursprüngliche theologische Dimension; auch in kirchlichen Randgruppen genießen sie ein
hohes Ansehen. Dagegen spielen sie im »großkirchlichen«
Hoffnungsspektrum momentan keine besondere Rolle. Es

gibt dementsprechend für sie weder im neueren geistlichen Liedgut noch im »Gotteslob« allzuviele Textbeispiele (im »Gotteslob« außer der genannten Nr. 568 noch die Nr.n 565 und 567). Das Spezifische dieser Hoffnungsweise liegt in der Thematisierung des Weltuntergangsmotivs, das in der jüdischen und christlichen Apokalyptik der Hl. Schrift des Alten und des Neuen Testaments, aber auch in der ganzen kirchlichen Tradition einen breiten Raum einnimmt. Das Zurücktreten dieses Motivs in gegenwärtigen christlichen Hoffnungsvorstellungen hängt einerseits entscheidend mit dem veränderten Gottesbild zusammen. Nicht mehr der strafende, die Welt im Zorn vernichtenwollende Gott steht heute im Vordergrund, sondern eindeutig der universale Heilswille Gottes, der seine ganze Schöpfung zum endgültigen Heil führen will. Aber auch das radikal veränderte Weltbild der Neuzeit erschwert eine ungebrochene Übernahme apokalyptischer Vorstellungen. So wird z.B. durch die modernen kosmologisch-naturwissenschaftlichen Modelle vom Anfang und Ende des Universums mit ihren unvorstellbar großen Raum- und Zeitdimensionen der Gedanke einer nahe bevorstehenden kosmischen Katastrophe für unser ganzes Universum als äußerst unwahrscheinlich angesehen. Abgesehen natürlich von immer wieder zu befürchtenden Kometen- oder Meteoriteneinschlägen, die eine verheerende Katastrophe auf unserer kleinen Erde anrichten können. Aber so etwas wird heute auch nicht mehr einfachhin religiös mit der Parusie Jesu Christi zum Weltgericht verknüpft. Dennoch: Aufgrund ihrer starken Verankerung in Bibel und Tradition behält die apokalyptische Hoffnungsweise ihr genuines Heimatrecht innerhalb der christlichen Rede vom Letzten und Endgültigen, wenn auch in einer durch Tod und Auferstehung Jesu stark transformierten Gestalt (darüber mehr im 2. Teil, I.3).

In den beiden angeführten Liedern werden die traditionellen apokalyptischen Motive durchaus in einem christlich verstandenen Sinn aufgegriffen. Das Subjekt, für das hier gehofft wird, ist die ganze geschaffene Welt, der Kosmos in

Raum und Zeit. Diese Welt ist nicht nur vergänglich (1. Lied), sondern leidet auch unter der Macht der Sünde und des Todes (2. Lied). Was wird für diese Welt erhofft? Zunächst wird mit ihrem Ende gerechnet, und zwar nicht in uninteressanter endloser Ferne, sondern so, daß es auch uns heute betreffen kann. Darum deutet das erste Lied, das bewußt in Treue zur biblischen Mahnung den Zeitpunkt dieses Endes offen läßt (»Wir wissen nicht ...«), in der 2. Strophe (»Wahnsinn«) und in der 3. Strophe (»und unsern Enkeln droht«) vorsichtig an, daß Menschen selbst zu einem katastrophalen Untergang der Lebenswelt beitragen können, z.B. durch eine mögliche atomare Vernichtung oder eine Zerstörung des ökologischen Gleichgewichts o.ä. Angesichts dieser offenen Möglichkeiten wird das gläubige Vertrauen auf die auch darin dabeiseiende und die Welt letztlich rettende Treue Gottes bezeugt (»wir glauben nur, daß Gott sie hält und neu sie schafft, wenn's ihm gefällt ...« – vgl. Röm 8,30ff.).

Im zweiten Lied wird in den Bildern der klassischen Apokalyptik die Parusie Jesu als das Geschehen herbeigesehnt (»Komm, Herr Jesu, komm!«), das nicht nur diese Welt beendet, sondern zugleich auch ihr ganzes Elend zur Freude wendet, indem es die Welt »einbrennen« läßt in »seinen Feuern«, d.h. sie richtend, verwandelnd und erneuernd aufnimmt in die Ewigkeit seiner Liebe, wie auch immer. Auf diese durch die Parusie Jesu herbeigeführte erlösende Neu-Geburt der Welt, die wehrlos im »Bann des Bösen liegt« (2. Strophe), richtet sich die apokalyptische Hoffnung der christlichen Tradition seit jeher. Wachsamkeit und persönliche Umkehr (3. Strophe) sind das Beste, das wir Menschen zu dieser endzeitlichen Erneuerung der Welt beitragen können; alles andere bleibt dem letzten Kommen Christi vorbehalten. Darum ist es auch kennzeichnend für das apokalyptische Weltbild, daß von einer Vorwegnahme der »neuen Welt« in (von Menschen gesetzten) Zeichen innerhalb der »alten Welt« nicht die Rede ist (wie etwa bei der messianischen Hoffnung).

Bei allen Verstehensschwierigkeiten, die uns diese Art von Endzeiterwartung heute bereitet, kommt ihr dennoch eine unaufgebbare Bedeutung für die christliche Hoffnung auch in unserer Gegenwart zu. Denn sie hält vieles wach, was vom modernen Empfinden her im christlichen Glauben eher nivelliert zu werden droht: z.B. das realistische Bewußtsein von der bleibenden Macht der Sünde in der Welt; oder das wachsame Rechnen mit einem möglichen katastrophalen Ende unserer menschlichen Lebenswelt: daß eben nicht alles einfach selbstverständlich immer so weiterläuft, sondern auch radikal »unterbrochen« werden kann (W. Benjamin, J.B. Metz). Eine solche Unterbrechung, die jeder einzelne in seinem Tod erlebt, kann eben auch nicht für unsere Geschichte im Ganzen ausgeschlossen werden. Darüber hinaus behält die Apokalyptik gerade durch ihr pointiertes Betonen des die Welt erlösenden und vollendenden Handelns Gottes jenseits aller menschlichen Möglichkeiten einen bleibenden Wert. Durch all diese Einsprüche kann eine richtig verstandene Apokalyptik zum hilfreichen Korrektiv für die gegenwärtige christliche Hoffnung werden; und zwar sowohl angesichts der Gefahr einer zunehmenden Individualisierung der Hoffnung, die sich nur noch auf das »Weiterleben« des einzelnen richtet, als auch gegenüber einem religiösen Fortschrittsoptimismus, der das Kommen des Reiches Gottes kurzschlüssig an bestimmte innergeschichtliche Umwälzungen und Verbesserungen bindet (s.o.).

e) Die zyklisch sich erneuernde Lebenskraft Gottes auf unserer Erde

In uns kreist das Leben[16]

(1) In uns kreist das Leben, das uns Gott gegeben, kreist als Stirb und Werde dieser Erde.
(2) Ruhig leuchten Felder, dunkel stehn die Wälder: ohn' sie kann's kein Leben für uns geben.

(3) Gottes Kreaturen füllen Hügel, Fluren:
ohn' sie kann's kein Leben für uns geben.
(4) Vögel in den Höhen, Fische in den Seen:
ohn' sie kann's kein Leben für uns geben.
(5) Schön im Stirb und Werde kreist die Mutter Erde,
trägt, was ihr gegeben: Gottes Leben.

Zum Schluß möchte ich noch diese recht singuläre Form gegenwärtiger christlicher Hoffnung ansprechen. Hier wird bewußt der Impuls der ökologischen Bewegung unserer Gegenwart aufgegriffen und in eine christliche Hoffnung integriert. Das Subjekt, auf das sich diese Hoffnung bezieht, ist die »Mutter Erde«, die zusammen mit allen Lebewesen (Pflanzen, Tieren und Menschen) einen lebendigen Organismus bildet, dessen Lebenskraft von Gott stammt und den es zu bewahren gilt. Inhaltlich bezieht sich diese Hoffnung auf das vom Menschen nicht gestörte oder gar zerstörte Bewahren dieses gottgegebenen Lebens im ständigen Kreislauf von Sterben und Werden der Erde.

Daß dieser Zyklus einmal ein Ende, ein Ziel hat, wird weder verneint noch ausdrücklich bejaht; darauf kommt es dem Lied auch nicht primär an. Es geht ihm um eine äußerst »geerdete Hoffnung« (W. Willms), die sich im Unterschied zur apokalyptischen Hoffnung gerade nicht nach einem Ende dieser leidvollen irdischen Realität sehnt (dagegen Lied d 2), und deren Vertrauen auf Gott gerade angesichts einer möglichen globalen Katastrophe stark beeinträchtigt werden dürfte (dagegen Lied d 1). Dennoch: Die dreimal wiederholte Beschwörung: »ohn' sie kann's kein Leben für uns geben« scheint doch zu insinuieren, daß die von uns einigermaßen heil bewahrte Erde das unverzichtbare Fundament jeder Form von menschlichem Leben bildet, also auch des »ewigen Lebens«. Das Reich Gottes könnte demnach nicht auf oder aus einer von Menschen völlig zerstörten Erde erstehen; ihm fehlt dann die nötige »Frucht der Erde«, die von Gott noch bewahrend und rettend »aufgehoben« werden kann.

Natürlich sind solche heute in theologischen Kreisen ver-
tretenen (im Lied vielleicht nur angedeuteten) Ansichten
sehr strittig. Denn in der Auferstehung Jesu und der dadurch bereits in Gang gesetzten Auferstehung der anderen
Toten, die eben nach ihrem Tod »bei Christus« sind und
schon an seinem Auferstehungsleben teilhaben, ist die
Schöpfung »im Prinzip«, d.h. in Form des auferstandenen
»Leibes Christi«, endgültig erlöst und gerettet. Da ist die
»neue Schöpfung« bereits grundlegend »auferstanden«, und
zwar aus dem im Tod Christi geschehenen Untergang des
»alten Äons« der Sünde und des Todes (s. 2. Teil, I.3). Dies
wieder rückgängig zu machen, steht Gott sei Dank nicht in
unserer Macht.

Dennoch behält diese von K. Marti formulierte Hoffnungsweise ihr (partielles) Recht: Für die vollendete Gestalt
des Reiches Gottes, die ja den ganzen Kosmos mitsamt den
einzelnen Geschöpfen, vor allem den Lebewesen, in den
»neuen Himmel« und die »neue Erde« verwandelnd aufheben wird, ist es keineswegs gleichgültig, ob wir Menschen
unserem Schöpfungsauftrag gegenüber dieser Erde gerecht
werden oder nicht (vgl. Gen 1,28f. und 2,15), ob wir Gott
also eine gut verwaltete Erde oder eine zunehmend ver-
wüstete Erde für das von ihm erhoffte Geschenk der Vollendung darbieten. Insofern formuliert diese ökologisch inspi-
rierte Hoffnung zumindest einen eindeutigen Appell an
unsere Hoffnung, angesichts des Vertrauens auf die in allen
Untergängen rettend dabeiseiende Treue Gottes dennoch
nicht unsere Verantwortung für seine Schöpfung zu
vernachlässigen. Vertrauen ohne Verantwortung öffnet keine Tür zum kommenden Reich Gottes.

III. Was tut sich im religiös gestimmten kulturellen Umfeld?

Neben der entschiedenen Ablehnung jeder begründeten Hoffnung über den individuellen Tod und über das Ende jeden Lebens auf unserer Erde hinaus, und neben der skeptisch-agnostischen Unentschiedenheit in dieser Frage entwickeln sich gegenwärtig auch zunehmend »kulturreligiöse« Hoffnungskonzepte. Sie setzen sich aus verschiedenen religiösen, psychologisch-therapeutischen, esoterischen oder anderen Sinnfragmenten zusammen. Diese Mischung, die sich weitgehend von der christlich-kirchlichen Hoffnungstradition löst (obwohl sie einzelne Elemente davon übernimmt oder modifiziert), erweist sich als recht anpassungsfähig an bestimmte kulturelle Selbstverständlichkeiten. Die Wiedergeburtslehre, die medizinische und psychologische Sterbeforschung, Spiritismus und Okkultismus, als naturwissenschaftlich deklarierte Unsterblichkeitsprognosen (F. Tipler), sektiererische Endzeitprophetien usw. ergeben ein buntes Spektrum moderner kulturreligiöser Jenseits- und Endzeiterwartungen. Da immer mehr Menschen sich von diesen Vorstellungen angezogen fühlen, müssen wir als Christen uns einer gründlichen Auseinandersetzung mit diesem Phänomen stellen. Dabei kommt es uns nicht auf eine bloße Konfrontation an, sondern auf eine behutsame »Unterscheidung der Geister«. Wir fragen also: Wo liegen Anknüpfungspunkte für ein Gespräch hinsichtlich gemeinsamer Anliegen und Aussagen? Wo sind aber auch die Grenzen möglicher Gemeinsamkeiten, so daß hier von seiten der christlichen Hoffnung deutlich widersprochen werden muß? Dies keineswegs aus apologetischer Rechthaberei, sondern im Dienst einer dauerhaft zu rettenden Humanität des individuellen und kulturell-gesellschaftlichen Lebens; einer Humanität, die durch allzu plausible

Denk- und Verhaltensmuster der Gegenwart leicht aus dem Blick geraten kann und darum durchaus des Weisheits- und Erfahrungsschatzes der christlichen Tradition bedarf.[17]

A. DIE WIEDERGEBURTSLEHRE – KRISTALLISATIONS-PUNKT MODERNER KULTURRELIGIOSITÄT

Beginnen möchte ich mit der Wiedergeburtslehre, und zwar ausschließlich in ihrer westlichen Variante. Sie stellt ein eigenes, von östlichen Wiedergeburtsvorstellungen nur indirekt abhängiges religiöses Phänomen dar. Unter denen, die heute überhaupt noch an ein Jenseits nach dem Tod glauben, ist sie zu einer gewichtigen Alternative gegenüber der christlichen Hoffnung geworden, selbst unter den getauften Mitgliedern der großen Kirchen. Man rechnet mit etwa 20 Prozent der deutschen Bevölkerung, die diese Hoffnung mehr oder weniger entschieden teilen. Wie kommt das? Mir scheint der Hauptgrund darin zu liegen, daß die Wiedergeburtslehre als die »stimmigste« religiöse Begründung einer heute vorherrschenden »kulturellen Leitformel« (M.N. Ebertz) angesehen wird, nämlich: »Das Leben hat nur dann einen Sinn, wenn man ihm selber einen gibt.« Da diese eigenständige Sinngebung nun aber erfahrungsgemäß meist nicht in der einmaligen und durch den Tod befristeten Lebenszeit gelingt, verheißt die Wiedergeburtslehre eben die attraktive Möglichkeit, in immer neuen irdischen Existenzformen diesen rundum erfüllenden Lebenssinn schlußendlich doch zu erreichen. Die innere Stimmigkeit zwischen modernem Lebensgefühl und der Wiedergeburtslehre macht diese in der Tat zu einem markanten Kristallisationspunkt, in dem sich viele kulturelle Plausibilitäten auf religiöse Weise anschaulich widerspiegeln. Darum möchte ich sie hier auch ausführlich behandeln, gleichsam als Zeitdiagnose in theologischem Interesse.[18]

Auf die Geschichte der Wiedergeburtslehre gehe ich jetzt nicht näher ein; sie kann in der angegebenen Literatur gut nachgelesen werden. Aus dieser Geschichte ergibt sich jedoch ein sehr auffallendes Resümee: Derselbe Begriff »Wiedergeburt« oder »Reinkarnation« besagt in den verschiedenen Kultur- und Geschichtsepochen jeweils etwas ganz Unterschiedliches. Und zwar einmal hinsichtlich des Subjekts (also der individuellen Seele oder des geistig-göttlichen Prinzips oder der Lebenskraft eines Stammes u.a.), das sich in immer neuen Gestalten wiederverkörpert; und zweitens hinsichtlich des Sinns dieser wiederholten Wiedergeburten, also zu welcher Erklärung sie dienen. Die Vorstellung von der Wiedergeburtslehre zeigt sich dabei als außerordentlich flexibel und variabel. E. Benz sprach einmal von der »Reinkarnationsfähigkeit der Reinkarnationsvorstellung in allen möglichen Religionen.«[19] Gelingt ihr dies auf längere Sicht auch im Judentum und Christentum? Ich wage es zu bezweifeln, trotz aller heutigen synkretistischen Vermischungen.

1. Der wesentliche Unterschied zwischen westlicher und östlicher Reinkarnationsvorstellung

Zur Veranschaulichung sei ein kurzer Text von Hans Torwesten vorangestellt, einem überzeugten Anhänger der Wiedergeburtslehre, der zugleich ihre Vereinbarkeit mit dem christlichen Glauben aufzeigen will:

Der Grundgedanke dieser Lehre ist einfach: Ist im Menschen etwas potentiell Göttliches angelegt, so muß er sich auf der relativen Ebene, in Zeit und Raum, so lange entwickeln, bis er seine wahre Natur verwirklicht hat, bis das in ihm Schlummernde voll manifestiert ist. Da ein einziges Menschenleben in den meisten Fällen zu kurz ist (was nicht so sehr aus logischen Überlegungen, sondern eben aus unseren Erfahrungen abzuleiten ist) und da der Tod dem Menschen nicht automatisch die Erleuchtung bringt, bedarf es dazu einer Reihe von Leben. In gewisser Weise ergänzt die Lehre von der Seelenwanderung so die Evolutionslehre, sie fügt dieser eine geistige Dimension hinzu: Der Geist umkleidet sich mit immer neuen Hüllen, geht durch immer neue Erfahrungen hindurch, sucht nach immer besseren Ausdrucksmöglichkeiten, bis er schließlich aus allen Hüllen herausgewachsen ist und seine Unendlichkeit erkennt.

Als wir gerade den Grundgedanken der Reinkarnationslehre skizzierten, haben wir absichtlich das positiv-aktive Element betont – das Vorwärtsschreiten zur höchsten Verwirklichung – und nicht so sehr das negativ-passive Moment, auf das in vielen Abhandlungen über die Reinkarnation leider zu oft das Hauptgewicht gelegt wird: nämlich daß die Wanderung der Seele fast nur eine Serie von Strafen sei, die wir für frühere Vergehen – oder gar eine vorzeitliche »Ursünde« – erlitten. Zwar kommen wir am Gesetz des Karma – dem Gesetz von Ursache und Wirkung – gewiß nicht vorbei, doch es sei schon hier gesagt, daß das »Gesetz« nicht alles ist, daß die Lehre von der Reinkarnation nicht nur zurückschaut und unser jetziges, meist nicht besonders zufriedenstellendes Leben durch das Gestern zu erklären versucht, sondern auch und gerade nach vorn blickt – auf den Punkt, wo wir alle Fesseln sprengen und eins mit der göttlichen Wirklichkeit werden.[20]

Was macht den Kern der westlichen Wiedergeburtsvorstellung aus, die sich seit der Aufklärung, besonders aber in den letzten 30 Jahren hier bei uns im kulturellen Kontext der europäischen Moderne entfaltet und sich sehr von den Vorstellungen der großen östlichen Religionen und ihrem Kulturkreis unterscheidet?[21] Nun, die westliche Vorstellung versteht sich bewußt als eine Heilsbotschaft für den einzelnen Menschen und dadurch auch für die Menschheit, insofern erst durch die Folge von Wiedergeburten alle positiven Lebensmöglichkeiten des Individuums und der Menschheit im ganzen ausgeschöpft werden können. So erst kann die wahre Identität des eigenen Selbst in seiner geistig-sittlichen Bestimmung voll entwickelt werden und wesentlich zur Vervollkommnung des ganzen Menschengeschlechtes (G. E. Lessing) beitragen. Diese Lehre will also den Menschen unserer Kultur eine Hoffnung über den Tod hinaus vermitteln. Gerade weil das jetzt gelebte Leben oft doch als ein nur sehr partiell gelungenes Leben erfahren wird, weil der eigentlich ersehnte Sinn des Lebens nur sehr begrenzt verwirklicht werden kann und schließlich durch den Tod völlig in Frage gestellt wird, darum eröffnet die Aussicht auf immer neue Geburten und »Einkörperungen« des ewigen »geistig-göttlichen Funkens« in uns (was auch immer das sein mag) doch die sichere Hoffnung auf einen endgültig zu verwirklichenden Sinn des Lebens.

In den religiösen Traditionen des Hinduismus (und ähnlich auch des Buddhismus) dagegen gilt die Lehre von der Wiedergeburt keineswegs als eine Heilsbotschaft. Vielmehr spricht sich in ihr die Erfahrung des leidvollen Unterworfenseins des Menschen unter das kosmische Gesetz des Werdens und Vergehens allen Lebens aus. Von diesem Gesetz sind auch die Toten nicht ausgenommen. Selbst das glückliche Leben im Jenseits (als Lohn für ein gutes irdisches Leben) bietet keine Beständigkeit; es kann durch einen wiederholten Tod verloren gehen. Darum muß die Seele oder das Selbst nach einem neuerlichen Tod noch einmal neu geboren werden usw. Das Ziel besteht darin, irgendwann einmal ein »Nichtwiederkehrender« zu werden, also die endgültige Befreiung aus dem Kreislauf von Sterben, Geborenwerden, neuem Sterben, neuem Geborenwerden usw. zu erlangen. Geschichtlich gesehen läßt sich vom Hinduismus sagen: »Die Furcht vor dem Wiedertod führte zur Lehre von der ständigen Wiedergeburt im Daseinskreislauf und gab der indischen Religionsgeschichte und ihren verschiedenen Traditionen ihr entscheidendes, gemeinsames Thema vor: Die Frage nach der Befreiung daraus.«[22]

Mit dieser Lehre verbindet sich unlöslich die Vorstellung

vom »Karma«, diesem quasi naturgesetzlich wirkenden Bedingungszusammenhang von Handlungen und ihren Folgen. Das heißt: Nach dieser Auffassung herrscht in der Welt eine ethische Vergeltungskausalität, insofern jede Tat unweigerlich ihre (positiven oder negativen) Auswirkungen zeitigt (was z.B. den persönlichen Charakter, Glück oder Unglück, den gesellschaftlichen Stand eines Menschen betrifft). Dieses Karma wirkt sich auch über den Tod hinaus aus; dem Menschen folgen die Wirkungen seines Tuns auch ins Jenseits. Und genau das läßt ihn auch dort nicht zur Ruhe kommen; es zeigt sich als die treibende Kraft und der »Brennstoff« (R. Hummel) des immer neuen Kreislaufs von Geburten und Toden. Erst wenn alles Karma getilgt ist, sei es auf dem Weg der Erkenntnis oder des leidenschaftslosen Handelns oder der hingebungsvollen Gottesliebe, wird der Mensch endlich aus dem ganzen, meist als leidvoll erfahrenen Tun- und Ergehens-Zusammenhang der Welt befreit, kommt er zur Ruhe, findet er die ersehnte Beständigkeit.

Hier wird der Unterschied zur westlichen Reinkarnationslehre deutlich: In der indischen Vorstellung ist der Sinn des immer neuen Wiedergeborenwerdens nicht die sehr optimistisch als gewiß vorausgesetzte geistig-sittliche »Evolution« auf einen ganz zu sich selbst gekommenen Menschen hin, der all seine in ihm schlummernden positiven Potentiale verwirklicht und damit den Gipfel seiner geistigen und sittlichen Personalität (seines »Personkerns«) erreicht hat. Vielmehr zielen hier die wiederholten Tode und Geburten darauf ab, den Menschen ganz von sich selbst und seinem Eingebundensein in die Welt zu befreien, also gerade sein Suchen nach Vollkommenheit und Identität, nach Sinn und Glück restlos aufzugeben. Nur so kann sein »Atman«, sein unzerstörbares geistiges Sein (das keineswegs dasselbe ist wie im westlichen Denken der »Personkern«, das letzte individuelle Selbst oder die »unsterbliche Seele«) wieder ganz eins werden mit »Brahman«, der allkosmischen und ewigen Weltseele. Erst darin liegt die endgültige Befreiung vom Fluch der Wiedertode und der Wiedergeburten.

Sicher spielen bei der gegenwärtigen Faszination durch die Reinkarnationslehre auch bestimmte Einflüsse östlicher Vorstellungen eine gewisse Rolle, z.B. durch Filme, Literatur, Reisen, Migrationsbewegungen, auch durch die populäre Übernahme östlicher Meditationsmethoden (wie z.B. Zen und Yoga) usw.[23] Aber entscheidend für die Kernaussagen der westlichen Wiedergeburtslehre dürfte doch die kulturell bedingte positive Umformung der in östlichen Religionen und Kulturen ursprünglich beheimateten Wiedergeburtslehre innerhalb der heutigen westlichen Kultur sein. Diese ist noch immer geprägt sowohl von vielen christlichen Traditionsstücken (z.B. der Wertschätzung der Person, der Hoffnung auf »Unsterblichkeit der Seele« usw.) als auch von typisch neuzeitlichen Wertvorstellungen (z.B. der freien, selbstbewußten, sich selbstbestimmenden und selbstverwirklichenden Subjektivität, der fortschreitenden Entwicklung als einem Grundgesetz des ganzen Daseins usw.). In diesem kulturellen Kontext erst kann die Aussicht auf viele Wiedergeburten als Heilsbotschaft verstanden werden, eben als Chance, sich aus eigener Kraft zu sich selbst und seiner vollen Identität zu entwickeln und so auch die menschliche Entwicklung im ganzen weiterzubringen. Darauf wollen wir jetzt im einzelnen näher eingehen.

2. Die kulturell bedingte Plausibilität der westlichen Wiedergeburtslehre

a) Ihr »naturaler« Charakter

Diese Kennzeichnung bedeutet: Die Vorstellung vom ständigen Wechsel zwischen Geborenwerden, Sterben und wieder neuem Geborenwerden legt sich den Menschen in zahlreichen Kulturkreisen schon aus der anschaulichen Erfahrung bestimmter Lebensrhythmen in der Natur spontan nahe, gerade wenn sie mit der Wirklichkeit des Todes sinnvoll umgehen wollen. Auch der menschliche Tod wird dann einfach in den Umkreis der natürlichen »Schwingungs-rhythmen des Lebendigen«[24] einbezogen; auch er ist eben nur ein (wenn auch extremer) Pol im Hin- und Herschwin-gen zwischen den verschiedensten Polaritäten des Lebens (Ein- und Ausatmen, Wachen und Schlafen, Tag und Nacht, Sommer und Winter, Blühen und Verwelken, Ebbe und Flut; oder auch im menschlichen Bereich: Einheit und Vielfalt, Krieg und Frieden usw.). Darum muß auch der Tod immer wieder dem anderen Pol Platz machen, eben dem Wiedergeborenwerden. Wenn die Natur in ihrer so beständigen Rhythmik zum Modell auch der menschlichen Lebensdeutung erhoben wird, legt sich die Wiedergeburts-lehre als Sinndeutung des menschlichen Lebens und Ster-bens relativ problemlos nahe.

Das gilt keineswegs nur für archaische Kulturen und Religionen, sondern auch für unseren modernen westlichen Kulturkreis. In dem Maße, wie christliche Transzendenz- und Hoffnungsbilder an Überzeugungskraft verlieren (gera-de auch wegen ihres personalen Charakters!), wächst umge-kehrt der Sinn für das Heil, das aus der Natur und ihren schier unerschöpflichen Lebens- und Selbstheilungskräften hervorzugehen scheint (vgl. die religiöse Aura, die häufig die Rede von der »Mutter Erde«, von den »kosmischen Energi-en«, vom »ökologischen Gleichgewicht«, vom Einschwin-gen in die Rhythmen des Lebens u.ä. umgibt). Einer solchen »Naturmystik« kann sich die Vorstellung von der Wiederge-burt gut einpassen: Auch das Leben und Sterben der Men-schen ist nur ein besonderer Fall in der allgemeinen Gesetz-lichkeit des natürlichen (vor allem pflanzlichen) Rhythmus von Leben und Sterben und wieder neuem Leben.[25]

An diese naturreligiöse Auffassung wird der christliche Glaube aus seiner Verantwortung für eine humane Deutung des Todes doch bestimmte Fragen richten müssen: Wird eine »naturale« Interpretation wirklich dem Phänomen des menschlichen Todes gerecht, der ja einer einmaligen, sich ihrer selbst und ihres Sterben-Müssens bewußten Person widerfährt, die dazu in irgendeiner Weise auch bewußt Stellung nehmen muß? Wird mit dieser »Naturalisierung des Personalen« nicht zusammen mit dem Tod auch Personalität, Freiheit und Geschichte des Menschen außerordentlich verharmlost, ja nivelliert zu einem bloßen Moment des Übergangs im Ganzen der natürlichen Rhythmen des »Lebens«, das demgegenüber stark »hypostasiert«, d.h. zu einem Quasi-Subjekt erhoben wird? Aber was ist denn eigentlich »das Leben« als »Träger« solcher Polaritäten und Rhythmen? Kann »das Leben«, das Hin und Her des natürlichen »Lebensstromes«, wirklich einem personalen Wesen, das mit Selbstbewußtsein und Freiheit begabt ist, über seinen Tod hinaus letzten und endgültigen Sinn zusprechen? Bleibt bei einer solchen an der Natur der Pflanzen abgelesenen Wiedergeburtsvorstellung nicht genau das auf der Strecke, was sie eigentlich retten möchte – eben die vollendete Identität des Menschen, gerade auch in der Fülle seiner geistig-sittlichen Potenzen? Gerät die westliche Wiedergeburtslehre bei einer solchen Begründung nicht in einen inneren Widerspruch, der sie als Heilsbotschaft für ein personales Wesen wie den Menschen doch eher untauglich macht? Es sei denn, man verzichtet generell auf die einzigartige und unverwechselbare »Würde des Menschen«, die aus seiner Personalität stammt und die ihn nicht einfach zu einem bloßen Element im Ganzen einer kosmischen Energie werden läßt. Das wäre allerdings ein sehr hoher Preis an Humanitätsverlust, den heute dennoch viele zu zahlen bereit sind – vermutlich aufgrund der Ambivalenz einer neuzeitlich überzogenen Anthropozentrik, die den Menschen fast völlig aus dem Naturzusammenhang des Lebens herausisolierte, was umgekehrt zur verhängnisvollen Instrumentalisierung der Natur durch den Menschen führte. Aber der andere Straßengraben, die Nivellierung des Personalen in das Naturale des Lebens hinein, wirkt sich auf Dauer mindestens genauso verhängnisvoll aus, nämlich in Richtung einer Selbstzerstörung des Menschen als eines personalen Wesens und damit seiner ganzen kulturellen und sittlichen Lebenswelt.

b) Die strukturell-gesetzmäßige Erklärung des Weltverlaufs

Die westliche Form der Wiedergeburtslehre bietet dem Menschen eine scheinbar sehr stringente rationale Erklärung für alles, was geschieht, auch für das Übel in der Welt: Es wird auf Handlungen in früheren irdischen Existenzen zurückgeführt, die eben unabdingbar solche Folgen hervorbringen. »Die Welt ist ein lückenloser Kosmos ethischer Vergeltung ... Der Einzelne schafft sich sein eigenes Schicksal im strengsten Sinn ausschließlich selbst.«[26]

Mit einer solchen Weltdeutung wird vieles zugleich erreicht, was der Mentalität der Moderne und dem, was sie für rational hält, gut entspricht: Einmal wird hier der Wunsch nach absoluter Gleichheit und Gerechtigkeit befriedigt; denn jeder ist in vollem Sinn »seines eigenen Glückes Schmied«. Was immer ihm auch zustößt, er hat es in seinen früheren Existenzen selbst verursacht und kann darum bei niemand anderem sein Recht auf mehr Glück einklagen. Damit wird zugleich dem Willen zur vollen sittlichen Autonomie und Selbstverantwortung Genüge getan; allein die eigene Freiheit ist der Urheber des eigenen Schicksals. Ebenfalls kann damit auch das moderne »Unbehagen am Schicksal« (G. Sachau) weitgehend ausgeschaltet werden. Es fällt eben vielen Menschen unseres Kulturkreises sehr schwer, das unaufhebbar Kontingente des Lebens und der Geschichte auszuhalten; also das offene, unberechenbare und kausal aus keiner Notwendigkeit ableitbare Zusammenspiel von Freiheiten, Gesetzmäßigkeiten und auch Zufällen. Statt dessen wird in der Wiedergeburtslehre alles Geschehen auf einen notwendigen ethischen Ursache-Folge-Zusammenhang zurückgeführt, in welchem ich selbst (in früheren Leben) der Urheber meines jetzigen Geschicks bin. Deswegen braucht man sich vor der verunsichernden Kontingenz des Lebens und Sterbens nicht mehr allzu sehr zu fürchten. Das jetzige Leben steht eben in einer notwendigen und darum »gesicherten« Kontinuität zu früheren und zu späteren Leben; und dieser Zusammenhang läuft gesetzmäßig und zielstrebig auf einen absoluten Höhepunkt an menschlicher Vollkommenheit zu. Das gibt dem Leben einen verläßlichen Sinn und eine optimistische Perspektive.

Schließlich ist für viele Zeitgenossen mit dieser strukturell-gesetzmäßigen Welterklärung auch das schwierige Theodizeeproblem gelöst, also die Rechtfertigung Gottes angesichts des Übels und des Leids in der Welt. Für die einen wird Gott als eine personale Wirklichkeit, die mit ihrer Freiheit und Liebe in der Geschichte der Menschen am Werk ist, völlig entbehrlich oder höchstens noch – deistisch – als letzter Garant des unabänderlich geltenden Karma-Gesetzes gebraucht. Für die anderen, die an einem personalen Gott festhalten wollen, wird er durch die strukturelle, also nicht-personale Erklärung des Übels in der Welt völlig entlastet – allerdings um den Preis, daß er damit auch aus dem Weltgeschehen weitgehend herausgelassen wird. Auch hier zielt die Logik dieser Weltdeutung höchstens auf eine deistische Gottesvorstellung; das heißt, Gott hat mit dem konkreten Weltverlauf nichts mehr zu tun, nachdem er ihn einmal angestoßen hat. »In der Gnade Gottes erfährt das neuzeitliche Individuum keine erfreuliche Botschaft, ist sie doch letztlich Indiz unberechenbarer Spontaneität und möglicher Willkür.«[27]

Diese heute so plausibel klingende Weltsicht ist doch recht ambivalent. Ich möchte vor allem zwei Anfragen an sie richten:

(1) Zunächst scheint mir hier ein in sich widersprüchlicher Umgang mit der Selbstverantwortung des Menschen für sein eigenes Schicksal vorzuliegen: Auf der einen Seite wird hier dem einzelnen viel zuviel an Selbstverantwortung zugeschrieben, was ihm in diesem Maß gar nicht zukommen kann und was er auch gar nicht allein tragen kann, weil es ihn im Grunde völlig individualisiert und heroisch vereinsamt. Denn jeder Mensch ist in seiner ganzen Lebensgeschichte von Anfang an verstrickt in viel größere Zusammenhänge, sowohl der vergangenen Geschichte wie auch der gegenwärtigen Gesellschaft. Jeder partizipiert auf seine

Weise an dem rational nicht aufzuhellenden Zusammenspiel von natürlichen (biologischen, physikalischen, psychologischen) Gegebenheiten seines Körpers und seiner Seele (z.B. seinen Erbanlagen) einerseits und von vielen unerklärbaren »Zufällen« des Lebens andererseits, von eigenen Freiheitsentscheidungen und denen der anderen, von biographischen Entwicklungen und gesellschaftlichen Strukturen usw. Die Wiedergeburtslehre vereinfacht grandios (und deswegen auch so faszinierend für viele) diesen komplexen Zusammenhang, indem sie alles jetzige Geschehen monokausal auf das Handeln der einzelnen in früheren Existenzen zurückführt. Dadurch wird die frühere Verantwortung für das eigene Geschick entschieden überfordert. Auf der anderen Seite wird aber zugleich die jetzige Verantwortung des Menschen für den Lauf der Dinge und ihr mögliches Anderslaufenkönnen weit unterschätzt (weil ja alles dem geheimen Gesetz des Karma folgen muß). Mit Recht nennt darum W. J. Hollenweger die Reinkarnationsvorstellung ein »Legitimationsmodell des Bestehenden«.[28]

Bestimmte Intentionen der Wiedergeburtslehre, die sich auf die Verantwortlichkeit des Menschen für die jetzigen Erfahrungen des Übels und des Bösen in der Welt beziehen, sind m.E. in der christlichen Erbsündenlehre viel besser aufgehoben. Denn dort ist der einzelne weder einfachhin völlig selbstverantwortlich für das Böse, das er tut oder für das Übel, das ihm zustößt; noch ist er daran einfachhin unschuldig. Er steht mit seinem Tun immer schon in der Spannung zwischen vorgegebener Situation, die auch von der Schuld anderer (auch früherer Generationen) und von »struktureller Sünde« mitgeprägt ist (»Sünde als Macht«), und der eigenen freien Entscheidung, diese Vorgegebenheit durch sein Tun zu bestätigen und zu verstärken (»Sünde als Freiheitstat«). Insofern Christus in seinem Tod und in seiner Auferstehung die in der Geschichte von Anfang an wirkende Macht der Sünde »im Prinzip« entmachtet hat, ist der einzelne keineswegs mehr unentrinnbar ihren Auswirkungen und Vorprägungen ausgeliefert. Er kann in der

Kraft des Geistes Jesu die Sünde (als Tat der Freiheit) meiden und die von Jesus gebahnten neuen Wege des Heils gehen.

(2) Meine zweite Anfrage an das strukturell-gesetzmäßige Weltmodell der Wiedergeburtslehre richtet sich an ihre scheinbar befriedigende Lösung des Theodizeeproblems. Mir scheint die von ihr gegebene »Lösung« eher zynisch und kalt zu sein; z.B. wenn etwa das Grauen der Konzentrationslager oder auch nur das Schicksal eines behinderten Kindes als »Vergeltung« für schuldhaftes Handeln der Betroffenen in früheren Leben »erklärt« werden sollen. Die nationalsozialistischen Verbrechen, die zur Shoa der europäischen Juden führten, können absolut nicht in ein Proportionsverhältnis zu etwaigen »vorgeburtlichen« Vergehen dieser europäischen Juden gesetzt und erst recht nicht dadurch entlastet werden! Der christliche Glaube verhält sich in dieser Frage bedeutend humaner, weil bescheidener: Es gibt keine rational befriedigende generelle »Erklärung« für all das Übel und das Böse in der Welt. Seine Unerklärbarkeit kann oft nur ausgehalten werden, indem Menschen einander beistehen, das damit verbundene Leid zu mildern versuchen, gegen Unrecht aktiven Widerstand leisten und dabei hoffend vertrauen, daß dieses Leid dennoch eingeborgen ist in der Sympathie der mitleidenden, mitgekreuzigten Liebe Gottes; daß es so auch eine Auferstehung diesseits und jenseits der Todesgrenze finden kann. In diesem Zusammenhang erinnere ich mich gern an den Vers aus dem alten Gebet: »Seele Christi«: »Birg in deinen Wunden mich!« Das bedeutet: Der christliche Glaube vertraut in gelebter Solidarität mit den Leidenden darauf, daß alles Leid dieser Erde in den Wunden des Auferstandenen geborgen ist; das erklärt und verklärt nicht das Leid, aber es läßt uns human damit umgehen, weil es auf eine von uns her nicht erreichbare Versöhnung hoffen läßt (s. 2. Teil, VIII).

c) Die Spiritualisierung des neuzeitlichen Fortschrittsdenkens

»Die Verbindung von Zyklus und Rhythmus mit dem Fortschrittsgedanken ist das Grundprinzip westlicher Reinkarnationsvorstellungen.«[29] Genau diese Synthese zwischen den natural anschaulichen Zyklen von Leben, Sterben und neuem Leben einerseits und linearer Fortschrittsgläubigkeit der Neuzeit andererseits (welche die Endlosigkeit des Zyklus von Leben und Sterben in einem letzten Ziel beendet), macht die Wiedergeburtslehre für die Kultur der Moderne wiederum so attraktiv. Im Bild der zyklisch sich immer weiter nach oben drehenden »Spirale« passen sich die Vorstellungen der Wiedergeburtslehre sowohl in die postmoderne Naturrenaissance ein als auch in das fast schon zur »Heilsgeschichte« hochstilisierte Fortschritts-, Entwicklungs- und Wachstumspathos der Neuzeit. Danach muß und kann sich alles weiterentwickeln, immer höher, immer besser, immer perfekter. Im Bereich der Wirtschaft und der Technik hat dieser Fortschrittsglaube allerdings seine ungebrochene Faszination in den letzten Jahren doch etwas verloren. Wir stoßen eindeutig an die »Grenzen des Wachstums«, des Fortschritts und der Leistungsideologie. Es scheint, daß die mit dieser Einsicht auffallend parallel laufende Begeisterung für die Wiedergeburtslehre eine spirituelle Kompensation ist; denn jetzt wird das Fortschritts- und Leistungsdenken von der äußeren, gesellschaftlichen Wirklichkeit einfach in den geistig-seelischen Bereich zurückverlagert. Wenigstens dort muß es doch einen Fortschritt ohne Grenzen und ohne vorzeitiges Ende durch den Tod geben! Die Entwicklung muß doch einfach weitergehen, und zwar durch unsere sittlich-geistigen Anstrengungen!

Angesichts der deutlichen Ambivalenzen des modernen Fortschrittsdenkens kann man auch hier wiederum fragen: Dient seine religiöse Spiritualisierung wirklich der Humanisierung der modernen Lebenswelt? Warum muß die Entwicklung des Menschengeschlechtes ewig voranschreiten – auf eine von uns entworfene ideale Vollkommenheit hin?

Warum muß jedes einzelne Menschenleben durch sich selbst, durch seine eigene sittliche Leistung so vollkommen werden, daß es diesem Ideal entspricht? Wird hier nicht der Leistungsdruck einfach auch noch in das Jenseits des Todes hinein verlängert? Zudem: Welches Vollkommenheitsideal steht hinter dieser Lehre? Ist es nicht die typisch westlich-neuzeitliche Utopie vom perfekt machbaren und herstellbaren Menschen und seiner Gesellschaft? Ob uns dieses Ideal wirklich innergeschichtlich und im Hinblick auf eine endgültige Vollendung weiterführt? Könnte nicht statt dessen die rettende Alternative zu diesem Denken in der christlichen Hoffnung bestehen, die darauf vertraut, daß endgültig erfülltes Leben letztendlich nur geschenkt werden kann? Ist es nicht auf Dauer viel befreiender, das Paradox des Menschen demütig anzunehmen: nämlich daß ihn gerade das, was er von Natur aus als zutiefst beglückend ersehnt, eben – so wie er ist – umfassend angenommen und bejaht zu werden, nur dann wirklich beglückt, wenn es ihm von außen spontan und unverdient geschenkt wird? Jede gute Freundschaft bestätigt doch diese Erfahrung. Warum also nicht sie zum Modell jenseitiger oder endgültiger Vollendung nehmen, wie es die christliche Hoffnung tut?

d) Vermittlung von Identität aufgrund vielfacher Existenzen

Die Wiedergeburtslehre gibt vielen unserer Zeitgenossen eine befriedigende Antwort auf das existentielle Problem: Wie finde ich meine Identität angesichts der unüberschaubar vielen Möglichkeiten, Erfahrungen zu sammeln und mein Leben zu führen, die ich ja nur zu einem ganz geringen Teil nutzen kann? Die Vielfalt an Möglichkeiten, immer neue und ganz verschiedene Lebenserfahrungen und Lebensentwürfe durchzuprobieren, sich nicht auf einen Weg fixieren zu müssen, macht die Kultur der gegenwärtigen Phase der Moderne ja einerseits so faszinierend; bietet sie doch eine Fülle an verlockenden Chancen, das Leben so oder so zu gestalten.[30]

Aber andererseits läßt sie das Individuum auch immer deutlicher seine Grenzen spüren, diese Pluralität an Lebensmöglichkeiten wirklich ausschöpfen und genießen zu können. Ständig verpaßt es irgendwelche Chancen, ständig muß es sich zwischen mehreren Möglichkeiten und Angeboten entscheiden, ständig auch immer wieder bestimmte Alternativen ausschließen, ohne sicher zu sein, ob diese Wahl auch richtig war. Fast »notgedrungen« muß es sich darum stets eine Tür offenhalten, um seine Entscheidungen revidieren zu können; daher die typische Redeweise bei Verabredungen heute: »Wenn nichts dazwischenkommt ...« Identitätsfindung im Rahmen so vielfältiger Lebenschancen ist außerordentlich anspruchsvoll und anstrengend.

Angesichts solcher Grenzerfahrungen bietet nun die Wiedergeburtslehre eine anziehende Verheißung: Du brauchst dich nicht zu überanstrengen und krampfhaft deinem Glück hinterherzulaufen; was du in diesem Leben nicht findest, wird dir im nächsten oder übernächsten Leben als neue Chance angeboten. Der Mensch, besser: seine ewig-geistige Natur, der göttliche »Energiefunke« in ihm, hat unendlich viel Zeit, ja sogar die Ewigkeit zur Verfügung, um alle erstrebenswerten menschlichen Lebensmöglichkeiten zu ergreifen und so in sich hinein zu integrieren. Seine Identität bildet sich demnach erst im Verlauf eines ewigen Erfahrungs- und Lernprozesses heraus. Sie integriert eine große Vielfalt von menschlichen Persönlichkeiten, die in den verschiedensten Epochen auf der Erde gelebt haben mögen (z.B. eine deutsche Lehrerstochter im 19. Jahrhundert, eine Israelitin in der Makkabäerzeit im 1. vorchristlichen Jahrhundert, eine böhmische Adelige im 16. Jahrhundert usw.)[31] Und doch sind diese alle zutiefst eins, eben aufgrund der integrierenden Kraft der geistig-ewigen Natur in uns.

Daß sich in der jeweils neuen Existenzform genau dieselbe Ambivalenz von Chancen und Grenzen, von Herausforderung und Überforderung einstellen kann, kommt angesichts des ungefragten Entwicklungsoptimismus nicht in den Blick. »Reinkarnation dekonstruiert Identität«; d.h. sie löst sie erst einmal auf und setzt sie dann neu zusammen, und zwar »durch innere Dissoziierung: Ich bin ganz viele. Der reinkarnierte Mensch ist polysynthetisch und verfügt über eine multiple Persönlichkeitskarriere.«[32] Auf diese Weise scheint der Wunsch nach Pluralität von erstrebenswerten Lebensmöglichkeiten und zugleich der Wunsch nach gelungener Identität miteinander versöhnbar zu sein.

Die Frage ist auch hier wiederum: Welcher Preis an Humanität wird für diese Lösung gezahlt, die alles zusammen haben möchte, und zwar in leibhaft erfahrbarer Weise auf dieser Erde? Ich möchte hier nur zwei Einwände gegen diese Lösung formulieren:

(1) Was hilft es zur Identitätsfindung des Menschen, wenn die früheren Existenzformen der jetzt lebenden Person völlig unbewußt sind? Nur eine scheinbare Ausnahme bilden jene, die in der Reinkarnationstherapie in frühere Leben zurückgeführt werden sollen. Denn auch hier ist es sehr fraglich, ob es wirklich frühere Leben sind, an die man sich da erinnert. Identitätsfindung aufgrund eines Lern- und Erfahrungsprozesses – selbstverständlich; aber das ganze ohne ein Bewußtsein dessen, was ich bereits erfahren und erlebt habe oder woraus ich in Zukunft lernen sollte, das scheint mir ein Widerspruch in sich zu sein. Auch ein naturhaft wirkender, unbewußter »Instinkt« kann die bewußte Leistung der menschlichen Identitätsfindung niemals ersetzen. Denn menschliche Identität ergibt sich immer nur im Prozeß jeweils neuer, bewußter Identifizierungen (oder auch Distanzierungen), die das menschliche Ich hier und jetzt gegenüber seinen vergangenen oder auch seinen zukünftigen Entwicklungsstadien vornimmt (z.B. ich bin personal derselbe wie vor 40 Jahren, weil ich mich mit meiner damaligen Zustandsweise identifiziere, also auch dazu »ich« sage). Wenn ich davon aber nichts weiß, kann ich mich damit auch nicht identifizieren. Daraus folgt: In der Wiedergeburtslehre geschieht die menschliche Identitätsfindung eher auf dem Weg eines unbewußt naturhaft ablau-

fenden Prozesses, zu der das personale Selbstbewußtsein nicht nötig zu sein scheint.

(2) Ein weiterer hoher Preis für das Konzept einer »multiplen Persönlichkeitskarriere« scheint mir die Gefahr der realen Spaltung der menschlichen Identität in zwei völlig trennbare und dann kaum miteinander zu vermittelnde »Substanzen« zu sein: nämlich in eine geistig-ewige und eine körperlich-vergängliche Substanz. Die geistig-göttliche Energie in mir sucht sich immer wieder einen neuen Leib, eine neue Zeit, eine neue Geschichte, neue Partner, Beziehungen und Freundschaften, ohne daß die eine »Verkörperung« von der anderen etwas weiß, so daß die früheren Existenzen auch jetzt keine ausdrückliche Bedeutung mehr haben. Meine Frage lautet: Ist mein konkretes leiblich-geschichtliches Leben, meine persönliche Biographie mit ihren vielen prägenden zwischenmenschlichen Beziehungen und Freundschaften, mit ihrem Einsatz für das Leben auf dieser Erde usw. so unbedeutsam für mein geistig-ewiges Ich, daß es im Tod wie ein altes Kleid einfach abgelegt und vergessen werden kann? Wird davon am Ende nur der bleibende Ertrag für meine eigene geistig-sittliche Vervollkommnung herausgezogen? Kann eine solch starke Egozentrik wirklich dem Menschen zum Heil dienen? Spricht nicht gerade die Liebe in ihrer tiefsten Intention zum anderen: »Du sollst ewig sein« (G. Marcel), und damit auch die Beziehung unserer Liebe? Mir scheint, daß in der Wiedergeburtslehre die Schwierigkeiten unserer hochindividualisierten Kultur mit dauerhaften, ja endgültigen Bindungen weltanschaulich legitimiert werden: Da auch der Tod keinen Übergang in die Endgültigkeit des einmalig gelebten und bei Gott aufgehobenen Lebens bringt, da vielmehr nach dem Tod das irdische Leben in einer neuen Biographie von neuem beginnen kann, stellt auch das jetzige Leben im ganzen und im Detail nichts endgültiges dar. Darum braucht einem Versprechen, einer Selbstverpflichtung zur Treue auch nicht notwendig ein einmaliger und verbindlicher Wert zugeschrieben zu werden. Alles läßt sich auflösen, neu versuchen, nachholen ...

e) Der Anspruch, Glauben durch Wissen ersetzen zu können

Immer wieder wird von Anhängern der Wiedergeburtslehre behauptet, diese Lehre sei inzwischen aufgrund der Erforschung parapsychologischer und therapeutischer Ergebnisse wissenschaftlich bewiesen. Die zahlreichen außergewöhnlichen (nicht »übernatürlichen«!) Phänomene wie z.B. des Déjà-vu (»das habe ich doch schon einmal gesehen!«) oder der »Wiedererinnerung« an ganz vergangene Zeiten oder weit entfernte Orte, in denen die betreffende Person zu Lebzeiten nie gewesen war, oder die (allerdings selten vorkommende) Kenntnis von fremden Sprachen, die jemand nie erlernt hatte (Xenoglossie), oder die Erfahrungen der »Rückführungstherapie«, in der Menschen zu Erkenntnissen über ihre Geburt und Empfängnis hinaus zurückgeführt werden – all das lasse sich am schlüssigsten durch die Theorie der Wiedergeburt erklären. Somit könne sie durchaus einen Rang als »Wissenschaft« einnehmen. Sie stehe damit in der Skala menschlicher Erkenntnismöglichkeiten bedeutend höher als religiöse Glaubensaussagen, denen jede Erfahrungsgrundlage und Erklärungskompetenz einfach deswegen abgesprochen wird, weil ihre Aussagen nicht »wissenschaftlich« zu beweisen seien. Den religiösen Glauben an das Jenseits durch Wissen zu ersetzen – auch das macht die Wiedergeburtslehre für viele Zeitgenossen noch einmal besonders anziehend.

Was ist dazu zu sagen? Abgesehen von der bereits oben zurückgewiesenen methodischen Vermischung von Wissenschaft und religiösem Glauben läßt sich mit guten Gründen auch die spezielle Behauptung der wissenschaftlichen Begründung der Wiedergeburtslehre bezweifeln. Denn auch wenn z.B. in der sog. Reinkarnationstherapie durch Suggestion bestimmte Erzählungen und Eindrücke wiederholt hervorgerufen und als therapeutische Mittel erfolgreich eingesetzt werden können, so ist doch die Erklärung dieser Äußerungen durch die Reinkarnationsvorstellung (also als »Erinnerung« an vorgeburtliche Existenzen) ein weiterer

Schritt, der das Feld des empirisch Erfahrbaren und Beweisbaren eindeutig überschreitet. Denn weder die Existenz einer »ewigen göttlichen Natur« in uns noch ihr Hinaustreten aus dem gestorbenen Leib oder ihr Wiedereintreten in einen neuen Leib sind irgendwelche Fakten, die man mit den Methoden einer rationalen Wissenschaft beweisen könnte. Sie gehören in den Bereich weltanschaulicher oder religiöser Deutungen, die für die existentielle Sinnfrage des Menschen und seiner Welt ihre unersetzliche Bedeutung haben, aber nicht auf dem Feld wissenschaftlicher Fakten verhandelt werden können.

So sind auch seriöse Vertreter einer Reinkarnationstherapie (z.B. Thorwald Dethlefsen und Brian Weiss)[33] oder der psychologischen Erforschung spontaner Erinnerungen bei Kindern (z.B. Ian Stevenson)[34] sehr vorsichtig mit der Behauptung, durch ihre Ergebnisse ließe sich die Wiedergeburtslehre (der sie selbst anhängen) wissenschaftlich hinreichend beweisen. Obwohl in der öffentlichen Reklame ihre Bücher oft unkritisch als »wissenschaftliche Beweise« angeführt werden, stehen die Autoren selbst ihren Forschungsergebnissen viel kritischer gegenüber. Sie sind sich nicht nur der methodischen Problematik solcher Behauptungen bewußt, sondern auch der eindeutigen Grenzen ihrer eigenen empirischen Forschungen. So lassen sich die meisten in der Therapie oder bei den spontanen Erinnerungen der untersuchten Kinder auftauchenden Erinnerungen historisch überhaupt nicht mehr auf ihren Wahrheitsgehalt hin überprüfen. Oder die Verfasser ziehen selbst andere plausible Erklärungsmodelle für die rätselhaften Phänomene heran, z.B. die Kryptomnesie (unbewußte Erinnerung an irgendwie aufgenommene, aber vergessene Erfahrungen) oder die Phantasiehypothese bzw. die »Konfabulation«[35] oder die Kombination von außersinnlicher Wahrnehmung (Telepathie, Hellsehen bzw. Hellhören u.ä.) und Personifizierung mit einer anderen Person, über die durch außersinnliche Wahrnehmungen Informationen erworben worden sind, oder die Hypothese der Besessenheit (ein lebendes Bewußtsein wird durch bestimmte, noch irgendwie telepathisch wirksame Bewußtseinselemente eines früher gelebt habenden Menschen zeitweise »besetzt«) usw. Höchstens in einigen der vielen untersuchten Fällen hält z.B. der amerikanische Psychiater I. Stevenson die Reinkarnationshypothese für die naheliegendere Erklärungsmöglichkeit.[36]

Th. Dethlefsen weist ihr vor allem die Rolle einer therapeutisch hilfreichen Vorstellung zu, insofern sie der Heilung kranker Menschen dienen kann. Wenn die Wiedergeburtslehre auf diese methodisch verantwortbare Weise relativiert wird, ist prinzipiell nichts dagegen einzuwenden, sie als mögliches weltanschauliches Erklärungsmodell heranzuziehen; das macht sie aber noch längst nicht zu einer wissenschaftlich ausgewiesenen Hypothese.

3. Sind christlicher Glaube und Reinkarnationslehre zu vereinbaren?

Vorbemerkungen

(1) Offene Differenz zwischen privatem und gemeinsamverbindlichem Glaubensbewusstsein
Bei Vorträgen zum Thema Wiedergeburt ist auffallend, daß sich gerade bei dieser Frage nach der Vereinbarkeit die Gemüter sehr erhitzen und die Geister scheiden. Offensichtlich fühlen sich christliche Anhänger der Wiedergeburtslehre hier besonders betroffen. Deswegen möchte ich ausdrücklich betonen: Ich spreche keinem, der von der Wiedergeburtslehre überzeugt ist, damit schon sein Christsein ab. Wenn jemand es miteinander vereinbaren kann, sei ihm das unbenommen. Es bezeichnen sich heute ja auch genügend Menschen als Christen, die nicht an den dreieinen Gott oder an die Menschwerdung Gottes in Jesus Christus oder an die Auferstehung Jesu von den Toten oder an unsere eigene Auferstehung glauben.

Und doch – bei allem Respekt vor der persönlichen

Glaubenssicht der einzelnen: Christsein ist nicht nur eine Sache der subjektiven Selbsteinschätzung! Sie ist wesentlich auch eine Teilhabe am Glauben der christlichen Glaubens- und Traditionsgemeinschaft. Und diese Gemeinschaft verkündet eindeutig von Anfang an, ja von ihren jüdischen Wurzeln her eine Vollendungshoffnung, die objektiv gesehen, also vom inneren Zusammenhang des ganzen Glaubensbekenntnisses her, in ihrem Kern nicht mit der Wiedergeburtslehre, gerade auch in ihrer westlichen Form, vereinbar ist. Jedenfalls ist das auch heute noch die Auffassung der meisten Theologen, die sich mit dieser Frage intensiver auseinandersetzen. Auch wenn es einer verbreiteten Mentalität heute widerspricht, hat eine Glaubensgemeinschaft doch ihr gutes Recht, zu sagen: Nicht alle subjektiv plausiblen religiösen Überzeugungen sind damit schon Zeichen des »sensus fidelium«, des untrüglichen Glaubenssinnes des Volkes Gottes. Manches paßt eben nicht stimmig mit dem gemeinsamen, biblisch begründeten und von der Tradition bewahrten Glauben zusammen. Er hat sein eigenes, unverwechselbares und unverwässerbares Profil.

(2) Notwendigkeit des Dialogs

Mit der Feststellung einer theologischen Unvereinbarkeit bestimmter Grundpositionen des christlichen Glaubens und der Wiedergeburtslehre soll aber keinesweg der Dialog von unserer Seite her abgebrochen werden, weder mit den östlichen Religionen noch mit der westlichen Form dieser Lehre. Ein sinnvoller Dialog könnte m.E. darin bestehen, daß man wechselseitig versucht, genauer hinzuhören und die gegenteilige Position besser zu verstehen, gemeinsame Intentionen herauszuarbeiten und so offen zu sein für Modifizierungen, die vielleicht eine partielle Annäherung möglich machen.[37]

So lassen sich – in Anschluß an Fr. J. Nocke – bereits jetzt schon folgende Gemeinsamkeiten feststellen: Die Hoffnung über den Tod hinaus (gegen eine rein materialistische Weltanschauung); der Zusammenhang zwischen dem menschlichen Tun im jetzigen Leben und im Leben nach dem Tod (ob bei Gott oder noch einmal auf dieser Erde); die Betonung der sittlichen Verantwortung für das eigene Leben und seine Vollendung (gegen jeden fatalistischen Schicksalsglauben); die Einsicht, daß sich gutes wie schlechtes Handeln auf mein ganzes Leben auswirkt, daß ich die Konsequenzen in meinem Lebensgeschick tragen muß; das Bewußtsein von der Verflochtenheit jedes individuellen Lebensgeschicks mit der ganzen vergangenen Menschheitsgeschichte (Stichwort »Erbsünde«); das Motiv einer sittlichen »Läuterung«, die auch nach dem Tod nicht einfach beendet ist, sondern den Menschen seiner endgültigen Vollendung entgegenführt.[38]

Dennoch: Bei allen nicht zu unterschätzenden Gemeinsamkeiten sind die Unterschiede gerade in einigen zentralen Grundoptionen doch wiederum so groß, daß ich – bei dem jetzigen Stand der Dinge – nicht sehe, wie beide Vollendungsvorstellungen theologisch konsistent miteinander zu vereinbaren sind, ohne daß von einer Seite her Wesentliches aufgegeben werden müßte.[39] Bevor ich die ausschlaggebenden Gründe für diese theologische Unvereinbarkeit nenne, soll erst kurz noch eine wichtige geschichtliche Frage angeschnitten werden:

a) Das frühe Christentum und die Wiedergeburtslehre

Immer wieder taucht in Kreisen von Anhängern der Wiedergeburtslehre die »Wanderlegende« auf, in den frühesten Zeiten des Christentums habe es Vertreter dieser Lehre unter den Kirchenvätern gegeben; diese seien aber dann von der offiziellen Theologie zurückgewiesen worden.[40] Diese Behauptung ist, auch wenn sie noch so oft wiederholt wird, falsch. Von den frühesten Zeugnissen an ist die Ablehnung der Kirchenväter eindeutig und einheitlich, richtete sich doch ihre Theologie vielfach gegen die Gnosis, eine spätantike, aus der platonischen Tradition genährte Erlösungsreligion im römischen Reich. Sie vertrat die Lehre von der

Wiedergeburt. So sehr sich Gnosis und Christentum gegenseitig in manchen Vorstellungen zugleich beeinflußten und voneinander abgrenzten, so eindeutig ist aber auch die Tatsache, daß die Wiedergeburtslehre niemals als eine christliche Lehre angesehen wurde; nicht einmal als Irrlehre, die sich innerhalb der Kirche von der orthodoxen Lehre abgespalten hätte (= »Häresie«) und deswegen verurteilt worden wäre. Nein, sie galt immer schon als eine außerchristliche religiöse Überzeugung, die für die gesamte frühe Kirche mit dem christlichen Glauben unvereinbar war.

Es scheint eine einzige Ausnahme gegeben zu haben, nämlich Origenes, den großen östlichen Kirchenvater des 3. Jahrhunderts. Sein Einfluß war ungeheuer groß; Teile seiner Lehre wurden noch im 5. und 6. Jahrhundert von Synoden verurteilt. Was jedoch hat Origenes zur Wiedergeburtslehre gesagt? Wenn man die betreffenden Abschnitte aus seinem Werk »Peri Archon« (»Über die Ursprünge«) sorgfältig liest, kommt man zur Erkenntnis, daß Origenes nie die Reinkarnation gelehrt hat, sondern (in der Tradition Platons) die Inkarnation der präexistenten Seelen.

Origenes hat gelehrt, daß die Seelen, und zwar alle Seelen, am Anfang von Gott gleichzeitig geschaffen worden sind und daß sie je nach ihrer Treue zum Ursprung, zu Gott, in ihrer Höhe geblieben sind oder aus dieser Höhe abgefallen sind. Da gab es einige, die ganz abgefallen sind, das wurden die Teufel, die in die tiefste Tiefe gefallen sind. Da gab es andere, die in der Höhe geblieben sind, das sind die Engel. Da gab es wieder andere, die sich abgewendet haben und von Gott dann zur Strafe im Leibe eingesperrt wurden. Und je nach dem Grad des Abfalls in Tierleiber oder in Menschenleiber. Das ist, so scheint es, die Theorie des Origenes. Er hat aber, soweit man es beurteilen kann aus den Texten, die erhalten sind, nie gelehrt, daß die Seelen dann wiederkehren.[41]

Im Gegenteil: In vielen anderen Schriften zur Bibelauslegung lehnt Origenes eindeutig die Interpretationen bestimmter Stellen durch die Gnostiker, die daraus eine reale Wiedergeburt der Seele herauslesen wollen, ab.

Aber hat sich nicht eine Synode von Konstantinopel im Jahre 543 damit befaßt? In der Tat, sie hat Origenes und den Origenismus verurteilt, aber keineswegs die Reinkarnationslehre!

> Das ist nun ein interessantes Zeugnis: Wenn man im 6. Jahrhundert geglaubt hätte, Origenes habe die Reinkarnation gelehrt, können wir sicher sein, man hätte die Gelegenheit nicht versäumt, ihm dies zum Vorwurf zu machen. Der Text des Konzils verurteilt die Präexistenzlehre des Origenes, d.h. die Lehre, daß die Seelen alle gleichzeitig am Anfang der Schöpfung geschaffen sind und erst dann in die Leiber eingesperrt wurden. Das wurde verurteilt! Daß damit natürlich implizit auch die Reinkarnation ausgeschlossen ist, ist nur eine indirekte Frage. Die Kirche hat die Reinkarnation nie verurteilt. Nicht, weil sie sie bejaht, sondern weil sie bisher, bis ins 20. Jahrhundert, es nie als Frage empfunden hat, daß die Reinkarnation überhaupt als eine Lehre in Frage käme, die sich mit der christlichen Grunderfahrung vereinbaren ließe.[42]

Außerchristliche religiöse Überzeugungen brauchen eben vom kirchlichen Lehramt weder beurteilt noch verurteilt zu werden; es sei denn, sie werden als christliche Lehren oder als mit ihnen vereinbar ausgegeben, was aber bisher theologisch im Fall der Wiedergeburtslehre nie der Fall war.

b) Hauptgründe für die theologische Unvereinbarkeit

(1) Der Schöpfungsglaube
Im Gegensatz zur Wiedergeburtslehre betont der christliche Glaube: Alles, was in der Welt existiert, auch unser innerstes geistiges Selbst, unsere Seele oder unser »Personkern« (wie immer man den entscheidenden »Identitätsträger« des Menschen bezeichnen will) – alles ist geschaffen, ist endlich, ist

nicht göttlich! Darum gibt es einen unendlichen, von uns her nicht zu übersteigenden Abstand zwischen Schöpfer und Geschöpf, zwischen Gott und der Welt. Darum kann ich auch in tausend und abertausend möglichen Wiedergeburten von mir aus nicht göttlich-vollkommen werden, oder mich dem Göttlichen allmählich annähern in meiner geistigen oder sittlichen Vollkommenheit. Das Geschöpf bleibt ewig Geschöpf, und darum endlich, von sich aus unvollkommen.

Aber ist denn unsere Seele nicht unsterblich? Das ist sie durchaus; aber diese Unsterblichkeit kommt ihr nicht »von Natur« aus zu, weil sie etwa ein »göttlich-geistiger Funke«, ein Teil Gottes in uns wäre – was sich auch viele Christen so vorstellen. Nein, statt einer »göttlich-natürlichen« Unsterblichkeit eignet unserer Seele eine »geschenkte« Unsterblichkeit. Das bedeutet: Wir sind nur deswegen »unsterblich«, weil – etwas salopp gesagt – Gott »unsterblich« in uns verliebt ist! Diese »Liebesbeziehung« Gottes zu uns macht uns »unsterblich«. Unsere Seele ist (theologisch gesehen) nichts anderes als das »Ansprech- und Antwortorgan« des Menschen für Gott; also die uns von Gott geschenkte Fähigkeit, mit »ganzem Herzen und ganzer Seele, mit all meinen Kräften« (vgl. Mk 12,30) Gottes Liebe zu empfangen und zu erwidern. Diese Gabe Gottes an uns ist unsere »Seele«. Sie ist deswegen unsterblich, weil Gott uns, indem er uns ins Dasein ruft, mit unbedingt treuer Liebe bejaht; weil er uns unter keiner Bedingung, auch in Schuld und Tod nicht fallen läßt; und weil er uns dabei zugleich auch die Fähigkeit gibt, uns unbedingt von ihm lieben zu lassen und ihm darauf zu antworten. Das macht unsere Seele, ja uns selbst in unserem ganzen Menschsein vor Gott unsterblich. Das macht uns auch über den Tod hinaus bewahrens- und liebenswert. Nicht aber, weil unser innerster »Personkern« von Natur aus schon immer etwas Göttliches wäre und sich nur aus den Schlacken des Diesseits befreien müßte, um endlich wieder ganz rein und vollkommen zu werden. Das ist Gnosis, aber nicht christlicher Glaube (mehr im 2. Teil, III).

Das Ja zur Endlichkeit und Geschöpflichkeit des Menschen durch und durch, auch seines Geistes, seiner Seele und seines sittlichen Vermögens, das macht den ersten und wohl auch den grundlegenden Unterschied zwischen dem Gottes- und Menschenbild des christlichen Glaubens und dem der Wiedergeburtslehre aus.

(2) Vollendung durch Vergebung

Häufig wird von Anhängern der Wiedergeburtslehre gegen die Ablehnung durch die Kirche argumentiert: Die christliche Lehre vom »Fegfeuer«, also von der jenseitigen Reinigung und Läuterung des Menschen von aller Schuld, ist doch etwas ganz ähnliches wie die Wiedergeburtslehre! Macht es einen so großen Unterschied, daß diese Läuterung entweder in vielen irdischen Leben (wie es die Wiedergeburtslehre meint) oder sofort nach dem Tod bei Gott vollzogen wird?[43] Ja, es macht einen sehr gewichtigen Unterschied, der m.E. die Annahme wiederholter Wiedergeburten zum Zweck der Läuterung eigentlich überflüssig macht. Denn der christliche Glaube vertraut darauf, daß Gott uns in unserem Tod so, wie wir sind und geworden sind, annimmt; unser ganzes gelebtes Leben, auch mit den vielen Anteilen an »ungelebtem Leben« und mit der ganzen Geschichte unserer persönlichen Schuld. Gott drückt jeden Menschen so an sein Herz, wie es das Gleichnis Jesu vom Vater und dem verlorenen Sohn zeichnet. Es ist sicher das schönste biblische Gleichnis für die christliche Hoffnung auf Vollendung: Diese letzte Begegnung mit einer unendlichen Barmherzigkeit auf dem Grund aller Dinge und Geschehnisse schenkt dem Menschen sein Heil, seine Vollendung, seine Vollkommenheit. Sie trägt für uns Christen das Antlitz des menschgewordenen und menschenfreundlichen Gottes.

Wie aber führt diese Barmherzigkeit Gottes den Menschen zur Vollendung? Indem sie ihm zuallererst die Schuld vergibt, falls er in seinem Leben wirklich schuldig geworden ist. Vollendung durch Vergebung, nicht anders. Aber diese vergebende Liebe Gottes verurteilt den Menschen keineswegs zur Passivität (genausowenig wie eine zwischenmenschliche Vergebung). Im Gegenteil: Die Vergebungsbereitschaft Gottes befähigt den Menschen, auch von sich her seine Schuld anzunehmen, sie nicht mehr zu verdrängen, sondern sie »aufzuarbeiten«, sie wirklich zu bereuen, um so auch erst die Vergebung zutiefst akzeptieren zu können. So wird der Mensch nach seinem Tod von Gottes vergebender Güte »geläutert«; durchaus auch schmerzlich geläutert! Denn dieser Aufarbeitungsprozeß der eigenen Schuld im Angesicht der Güte Gottes ist absolut nichts Harmloses! Da geht es um die innerste Wahrheit und Unwahrheit meines Lebens, was ich verdrängt, was ich mir und den anderen vorgespielt habe. Da wird die Seele gleichsam »ausgefegt« von allem Falschen und Verlogenen in mir. Aber da dies alles im Angesicht der vergebenden und versöhnenden Liebe Gottes geschieht, ist es befreiend, ist es heilend. So wird der Mensch der endgültigen Gemeinschaft mit Gott und den anderen Geschöpfen würdig gemacht.

Das gilt in vergleichbarer Weise auch für das unschuldig und viel zu früh gestorbene Kind, für einen geistig schwer behinderten Menschen, für die, die durch ihre Lebensumstände gar nicht zum vollen Einsatz ihrer Freiheit kommen, und auch für alle, die im Leben einfach zu kurz gekommen sind. Auch sie brauchen angesichts dieses Gottes ebenso wenig wie der schuldig gewordene, also seine Freiheit mißbraucht habende Mensch durch Wiedergeburt eine neue Chance hier auf der Erde, um sich zu einer von uns vorgestellten und geforderten humanen Lebenserfüllung emporzuarbeiten. Nein, gerade den Ärmsten und Unschuldigsten unter seinen Geschöpfen bringt diese letzte Begegnung mit der Güte Gottes ihre ganz persönliche, sie unendlich beglückende, in all ihren individuellen Möglichkeiten restlos erfüllende Vollendung. Diese ist bei jedem Menschen ganz verschieden, je nach seiner individuellen Persönlichkeit und Lebensgeschichte! Aber weil es eine Vollendung aus Liebe heraus ist, eben aus der ganz und gar persönlichen Beziehung des liebenden Gottes zu seinem jeweils ganz einmaligen Geschöpf, darum braucht keiner irgendein (von Gott oder uns Menschen) aufgestelltes Maß an sittlicher Vollkommenheit oder menschlich geglücktem Leben zu erreichen, um selig zu werden. Er muß sich nur unbegrenzt lieben und in die Gemeinschaft der von Gott geliebten Brüder und Schwestern seines Sohnes aufnehmen lassen. Und das kann ein Kind, ein Behinderter, ein Armer meist bedeutend besser als alle anderen! Wo wir aus diesem Vertrauen heraus leben und sterben, da »brauchen« wir keine Wiedergeburt auf Erden, da bringt uns eine Wiedergeburt keine bessere Chance, keine Steigerung an Heil und Vollkommenheit. Im Rahmen eines solchen Gottesbildes, das auch existentiell gelebt wird, scheint mir die Wiedergeburtslehre keinen sinnvollen Platz zu haben.

(3) Die Hoffnung auf die Auferstehung des Leibes
Zweifellos hat sich im Christentum aufgrund des starken Einflusses der platonischen und neuplatonischen Philosophie, aber häufig gegen den biblischen Grundimpuls immer wieder eine große Leibfeindlichkeit breitgemacht. Dennoch wurde der Leib (wenigstens prinzipiell!) nie so abgewertet wie in der Wiedergeburtslehre, die damit (in der westlichen Variante) ihren Ursprung in der spätantiken Gnosis und deren Verachtung alles Materiellen und Geschichtlichen nicht verbergen kann. Demgegenüber bedeutete das Bekenntnis zur »Auferstehung des Leibes« im Christentum stets einen kräftigen Widerhaken gegen allzu starke spiritualisierende Tendenzen.

Was aber verstehen wir unter dem »Leib«, der auferweckt werden soll? Hier ist wichtig, daß im Verständnis der christlichen Hoffnung (ähnlich wie bei der Eucharistie) der Leib mehr ist als nur die chemisch-biologische Substanz unseres Fleisches, mehr als nur die äußerlich-sichtbare Gestalt unseres Körpers. Im biblisch-theologischen Sinn bezeichnen wir mit »Leib« vor allem den durch unsere ganze Lebensgeschichte hindurchgegangenen Körper; im Leib drücken wir uns in die Welt hinein aus, und umgekehrt: In ihm drückt sich die Welt in uns hinein ein (G. Greshake: Der Leib als »expressives und impressives Medium« unseres innersten personalen Selbst). Wegen dieser engen Verbindung von »Leib und Seele« kann für das Christentum der Leib (und seine konkrete Geschichte) nicht einfach eine auswechselbare Hülle für etwas »Geistig-Göttliches« in uns sein. Vergleichbar der »Seele« als »Ansprechorgan« für Gott ist der Leib unser unverwechselbares »Beziehungsorgan« zur Welt, zu den anderen Geschöpfen, zur Natur und Kultur, zum anderen Menschen. In diesem Leib und in den von ihm ermöglichten Beziehungen leben, lieben und leiden wir. Das alles prägt auch zutiefst unsere innerste persönliche Identität; und darum kann es nicht einfach nach unserem Tod für immer abgestreift und durch einen völlig anderen Leib, ein völlig anderes Lebensgefüge und Beziehungsnetz ersetzt werden. Wenn dem Menschen wirklich Heil- und Ganzwerden-Können verheißen ist, dann kann es nur für Leib und Seele zugleich sein. Und zwar für diesen Leib, der unauflösbar mit unserem innersten Personsein verbunden ist. Daß uns diese Einheit von »Leib und Seele« einmal ganz ungebrochen geschenkt wird, daß die schmerzlichen Dissonanzerfahrungen zwischen dem personalen Selbst und seiner leiblichen Ausdrucksgestalt (z.B. in Krankheit, im Altern, im Sterbenmüssen) beendet sein werden, das erhoffen wir von der »Auferstehung des Leibes«. In ihr wird nicht bloß unser innerstes geistiges Selbst »endgültig« aufgehoben, sondern der ganze Mensch in der Vielfalt seiner leibhaftig gelebten Bezüge (dazu mehr im 2. Teil, IV).

Zum Abschluß dieser langen Ausführungen noch eine Geschichte, die ich in einem Artikel des jetzigen Erzbischofs von Wien, Christoph Kardinal Schönborn, zu diesem Thema gefunden habe. Sie macht noch einmal sehr klar den Unterschied zwischen christlichem Glauben und der Wiedergeburtslehre deutlich. Christoph Schönborn berichtet:

Ein alter Russe hat mir folgende Geschichte erzählt: In seiner Jugend, nach der russischen Revolution, ist er nach Frankreich geflohen. Weil er nichts zu tun und kein Geld hatte, ging er in die Fremdenlegion und wurde dort Offizier. Unter seinen Legionären war auch ein deutscher Soldat, der sich durch besondere Brutalität der Sprache und des Umgangs auszeichnete. Nun kam es einmal zu einem Scharmützel, und dieser junge Legionär wurde schwer verwundet. Er läßt seinen Offizier, den damals noch jungen Russen, zu sich rufen. Dieser überlegt sich, ob er hingehen soll, um dann nur wieder unflätige Worte zu hören. Er geht schließlich doch hin und findet den verwundeten Legionär verändert. Dieser stellt ihm in Französisch, in sehr feinen Worten die Frage: »Glauben Sie, daß Christus mir etwas von sich geben kann, wenn ich jetzt sterbe?« Der junge Offizier war etwas verwirrt und fragte: »Was meinen Sie damit?« »Ja«, sagte der Verwundete, »wenn ich jetzt sterbe und dann hinüber komme und da dann all die Engel und Heiligen sind, dann werden die auf mich zeigen und sagen: Was macht der denn da!?, und ich werde nicht hineinkommen. Aber wenn Christus mir etwas von sich gibt, dann können sie nichts sagen, dann komme ich rein.« Der Russe hat dem Legionär versichert, Christus werde ihm wohl etwas von sich geben. Kurz darauf ist dieser gestorben. Mit diesem Erlebnis, sagte der alte Russe, habe er zum ersten Mal begriffen, was eigentlich das Christentum ist. – Das ist die christliche Grunderfahrung: daß Christus uns etwas von sich gibt und wir dadurch neue, vollkommene und vollendete Menschen werden. Alle Knochenberge des Karma, alle Ozeane der Tränen können diesem Geschenk nicht widerstehen, wenn Christus uns etwas von sich gibt.[44]

Das Wort, das Jesus dem reuigen Schächer am Kreuz zugesprochen hat, das spricht er zu jedem, der es in seinem Tod hören will: »Heute noch wirst du mit mir im Paradies sein!«

Heute – nicht erst nach einer langen Kette von Wiedergeburten! In dieser endgültig vergebenden und versöhnenden Güte Gottes liegt das ungemein Befreiende der christlichen Botschaft. Es kostet allerdings wiederum den Preis des Vertrauens, der heute vielen zu hoch erscheint. Sie zahlen lieber mit eigener sittlicher Leistung. Sie scheint ihnen (allen gegenteiligen Erfahrungen zum Trotz!) auf Dauer sicherer und bewährter zu sein. Der Gegenwind unserer kulturellen Mentalität bläst eben auch der christlichen Hoffnung im Augenblick stark ins Gesicht. Vertrauen auf Gott oder Vertrauen auf das eigene Tun: Das muß keineswegs eine sich ausschließende Alternative sein! Der christliche Glaube verbindet beides, weil er von der Erfahrung lebt, daß das eigene Tun nur dann heilend und befreiend sein kann, wenn es sich im größeren Rahmen des Vertrauens bewegt, daß Gott mich immer schon unbedingt angenommen hat und so all mein eigenes Tun trägt und wirklich heilend sein läßt. Die westliche Wiedergeburtslehre dagegen tendiert doch in die Richtung einer Trennung zwischen Vertrauen auf Gott und Vertrauen auf das eigene Tun; und dabei plädiert sie entschieden für das letztere. Darum muß hier der christliche Glaube deutlich seinen Widerspruch anmelden, gerade im Namen einer Humanität, die nicht dem Zeitgeist und seinem sich heute auch religiös verkleidenden Leistungsdenken und Fortschrittsglauben geopfert werden darf.

B. DAS JENSEITS-WISSEN DER STERBEFORSCHUNG

Wir sprachen bereits davon, wie sehr der Anspruch, die Wiedergeburtslehre sei auch »wissenschaftlich« begründbar, zu ihrem steigenden Ansehen in unserer Kultur beiträgt. Nun gibt es inzwischen eine etablierte empirische »Wissenschaft vom Tod«, die sog. »Thanatologie« (vom griech. »thanatos«: Tod). Sie befaßt sich mit den psychischen und sozialen Aspekten des Sterbens, mit Sinn und Methode der Sterbebegleitung, mit den gesellschaftlich sich verändernden Einstellungen zum Tod und zur Trauer usw.

1. Die Berichte sog. »klinisch Toter« als Wissensquelle?

Besonders populär geworden ist diese Wissenschaft durch ihre Erforschung zahlreicher Berichte von sog. »klinisch Toten«; also von Menschen, bei denen die üblichen Zeichen des eingetretenen Todes festzustellen waren (wie Herzstillstand, Aussetzung der Atmung, Abfallen des Blutdruckes, Weitung der Pupillen, Absinken der Körpertemperatur, Ausfall der Hirnstromwellen usw.), die aber dennoch von den Ärzten operativ wieder ins Leben zurückgerufen wurden und Erstaunliches von ihren Erlebnissen »dazwischen« erzählen konnten.[45]

Diese (unabhängig voneinander mitgeteilten) Erzählungen konvergieren in vielen Punkten. So wird z.B. fast immer (natürlich in verschiedenen Variationen) erzählt vom Heraustreten des wahrnehmenden Bewußtseins aus seinem Körper, so daß es diesen Körper und auch die behandelnden Ärzte »von außen« beobachten kann (was sich teilweise nachher von den Ärzten verifizieren läßt!), oder vom Durchlaufen eines langen Tunnels, von der Begegnung mit verstorbenen Bekannten und einem großen Licht, vom blitzartigen Überblick über das ganze Leben, einschließlich der Schuld, die ihm nun voll bewußt wird und ihn schwer belastet, von der Erfahrung eines großen Friedens (aber auch großer Qualen), vom Widerstand gegen das Zurückkehrenmüssen in den Körper, von der Scheu, anderen davon zu erzählen, von der tiefgreifenden Wandlung der Einstellung zum Leben und Sterben nach diesem Erlebnis und so weiter ...

Es gibt viele Gründe, die die Glaubwürdigkeit dieser Forschungsrichtung im Großen und Ganzen belegen können: Zunächst die auffällige Übereinstimmung dieser

Erzählungen aus den verschiedensten Ländern und Kulturen; dazu die nachprüfbare Integrität der befragten Personen und der sie befragenden Wissenschaftler; ebenso die in vielen Fällen gegebene methodische Gewissenhaftigkeit des Forschungsunternehmens; schließlich die Ähnlichkeit dieser Berichte mit solchen aus der mystischen Tradition wie z.B. bei Katharina von Siena oder Hildegard von Bingen; oder mit Erzählungen von Menschen, die unter Drogeneinfluß stehen; oder mit Erlebnissen von Sportlern z.B., die bei einer großen Anstrengung unter Sauerstoffmangel leiden oder sich in extremen Streßsituationen befinden, in denen der Organismus sog. Endorphine freisetzt, die helfen, den Streß abzubauen; oder mit Erfahrungen bei bestimmten psychosomatischen Therapien usw. So schwierig es auch ist, im einzelnen die Ursachen solcher ungewöhnlicher Erfahrungen empirisch zu entdecken, so wenig läßt sich das Phänomen als solches einfach leugnen oder als »Hokuspokus« abtun. Die entscheidende Frage ist vielmehr: Wie ist es zu deuten? Sagt es wirklich etwas über ein Leben nach dem Tod aus?

2. Die umstrittene Deutung

Auch hier gibt es natürlich ganz unterschiedliche Deutungsmuster. Viele Wissenschaftler verhalten sich sehr methodenbewußt und respektieren die Grenze zwischen den beobachtbaren Phänomenen und ihren möglichen Deutungen (z.B. R. A. Moody, P. Dinzelbacher u.a.); sie wissen, daß ihre Deutungen nicht notwendige Konsequenzen aus ihren empirischen Beobachtungen sind, sondern auf das Konto persönlicher, eben z.T. auch weltanschaulich-religiöser Überzeugungen gehen.

a) Elisabeth Kübler-Ross: Eine »Sache des Wissens«

Allerdings überschreitet nun gerade eine der bekanntesten und anerkanntesten Vertreterinnen der Sterbeforschung diese methodische Grenze mit provozierender Unbekümmertheit: die Schweizer Ärztin Elisabeth Kübler-Ross. Sie hat sich außerordentlich hohe Verdienste erworben im Bereich der Sterbebegleitung, des Umgangs mit Tod und Trauer, der Entdeckung der verschiedenen »Sterbephasen«, die ein Mensch normalerweise durchmacht, ehe er mit seinem Sterbenmüssen versöhnt ist, oder auch im Bereich der symbolischen Sprache des Sterbenden, auch des Einsatzes für ein menschenwürdiges Sterben in unserer Gesellschaft angesichts der Tabuisierung des Todes und der Verdrängung der Sterbenden aus dem öffentlichen Blickfeld. Das alles soll in keiner Weise geschmälert werden.

Dennoch macht sie sich bei der Deutung der von ihr aufgezeichneten Berichte »klinisch toter« Patienten eines unreflektierten methodischen Grenzüberschritts schuldig. Sie behauptet nämlich ausdrücklich, aufgrund ihrer medizinischen Erkenntnisse »zu wissen, daß es den Tod nicht gibt«[46] bzw. daß der Tod nur eine »Umwandlung« bedeutet: So wie ein Schmetterling aus seinem Raupen-Kokon ausschlüpft, so entsteigt auch beim Tod der unsterbliche göttliche Funke des Menschen der körperlichen Hülle, um ganz frei zu sein wie ein Schmetterling oder um in neuen Wiedergeburten zu immer größerer menschlicher Vollkommenheit aufzusteigen und dann endlich vollkommen zu Gott heimkehren zu können.[47]

E. Kübler-Ross hat offensichtlich ein großes Interesse daran, den traditionellen religiösen Glauben an ein Jenseits des Todes durch wissenschaftlich begründetes Wissen abzustützen oder zu ersetzen. Noch einmal das starke Wort, das wir oben schon einmal zitiert haben: »2000 Jahre lang hat man Sie ersucht, an die jenseitigen Dinge zu glauben. Für mich ist es nicht mehr eine Sache des Glaubens, sondern eine Sache des Wissens. Und ich sage Ihnen gern, wie man zu diesem Wissen gelangt, vorausgesetzt Sie wollen wissen«.[48] Eine zweifellos rhetorische Voraussetzung; denn wer möchte heute nicht in diesem Bereich endlich mehr und genaueres »wissen«!

b) Der Tod – eine prinzipielle Grenze unseres Erkennens

Kann aber E. Kübler-Ross ihren hohen Anspruch einlösen? Ganz eindeutig: nein. Denn der Tod bildet nun einmal eine prinzipiell unübersteigbare Grenze für unser jetziges Erkennen. Das uns jetzt zur Verfügung stehende Erkenntnisvermögen kann diese Grenze deswegen nicht übersteigen, weil es in diesem Leben immer (auch bei Visionen und Weissagungen) an die Bedingungen unserer leiblichen, raum-zeitlich geprägten Erkenntnis unserer Sinne und unserer Vorstellungskraft gebunden ist; und diese endet nun eindeutig im Tod und in dem von ihm verursachten körperlichen Verfall; also spätestens dann, wenn alle vitalen Funktionen des Organismus, insbesondere die zentrale, nämlich die Gesamthirnfunktion, definitiv erloschen sind. Es ist aber die Frage, ob die Mensche, die aufgrund der sog. klinischen Kriterien für tot erklärt wurden, wirklich tot waren. Denn ob jemand wirklich tot ist oder nur scheintot, läßt sich in manchen Fällen mit Sicherheit nur dann feststellen, wenn man die strengeren Kriterien des Hirntods ansetzt. Organentnahmen zum Zweck der Transplantation sind deswegen nur erlaubt, wenn der »Hirntod« festgestellt ist; der sog. »klinische Tod« reicht nicht. Wenn es um ein Leben nach dem Tod geht, dann muß man notwendig auch vom endgültigen Gestorbensein des Menschen ausgehen. Genau diesen endgültigen Tod jedoch haben die sog. »klinisch Toten« möglicherweise noch nicht erlitten; sonst hätten einige von ihnen nicht re-animiert und dann über ihre Erlebnisse befragt werden können.

Sie können darum auch nur von Erfahrungen der äußersten Todesnähe berichten, aber nicht von solchen jenseits der definitiven Todesgrenze. Genau so drückt sich übrigens auch E. Kübler-Ross an verschiedenen Stellen aus.[49] Aber das steht dann offensichtlich im klaren Widerspruch zu ihrem Anspruch, endlich »wissenschaftlich« gesichertes Wissen über das Leben nach dem Tod mitteilen zu können. Wir haben es hier mit einer typischen Inkonsistenz zwischen gut beobachtetem empirischen Phänomen und einer daraus nicht zwingend abzuleitenden, aber dennoch als wissenschaftlich ausgegebenen weltanschaulich-religiösen Deutung zu tun. Alles, was den Menschen als Person angeht, die nach letztem Sinn fragt und damit über den Tod hinaus hofft, bleibt den naturwissenschaftlich arbeitenden Methoden rein für sich betrachtet unzugänglich. Darum behält hier ausschließlich die religiöse Erkenntnis ihr genuines Recht, Glaubens- oder Hoffnungsaussagen über einen endgültigen Sinn, über ein endgültiges Leben nach dem Tod zu machen.

Auch wenn also die Erfahrungen »klinisch Toter« in äußerster Todesnähe keine wissenschaftlich gesicherten »Beweise« für ein Leben nach dem Tod sind, so sind sie dennoch auch für die christliche Hoffnung keineswegs bedeutungslos. Von glaubenden Menschen können sie als Zeichen dafür gedeutet werden, daß Gottes rettende Treue im Leben und Sterben bei uns ist. In dem Maße, wie solche Erlebnisse (bei den Betroffenen selbst und auch bei denen, die davon hören) zu einem tieferen Vertrauen auf die Gegenwart Gottes auch im Tod, zu einer gelasseneren Hoffnung auf das »Jenseits« des Todes und zu einer selbstloseren Liebe Gott und den Nächsten gegenüber führen, sind sie theologisch als ein von Gott geschenktes Zeichen für seine Treue zu werten, die auch den Tod mit einschließt und uns durch ihn hindurch zu einem ganz neuen, vollendeten Leben führt.

3. Die verführerische Botschaft vom »schönen Tod«

Neben dem Interesse, den spezifisch religiösen Glauben durch gesichertes Wissen zu ersetzen, verfolgen E. Kübler-Ross und andere Vertreter der Sterbeforschung noch eine weitere Absicht, die ebenfalls eng mit ihren empirischen Forschungen und ihrer weltanschaulichen Überzeugung vom Leben nach dem Tod zusammenhängt: nämlich die Botschaft vom »schönen Tod« zu verbreiten und dadurch dem Tod seinen noch immer verbliebenen Schrecken zu nehmen. Dazu ein paar Textbeispiele aus dem bereits genannten Buch »Über den Tod und das Leben danach«: »Der Tod ist ganz einfach das Heraustreten aus dem physischen Körper, und zwar in gleicher Weise, wie ein Schmetterling aus seinem Kokon heraustritt« (Klappentext). »Sterben ist nur ein Umziehen in ein schöneres Haus« (ebd.). »Der Moment des Todes ist ein ganz einmaliges, schönes, befreiendes Erlebnis, das man erlebt ohne Angst und Nöte« (S. 5).

Auch diese Botschaft trifft heute bei uns nur auf allzu offene Ohren; trägt sie doch dazu bei, gerade bei einem so sensiblen Thema wie Sterben und Tod das schier unersättliche Trost- und Erlebnisbedürfnis unserer Kultur zu stillen. Das von G. Schulze formulierte Leitmotiv unserer Gegenwart: »Erlebe dein Leben«[50] bezieht inzwischen auch noch »die Letzten Dinge« des menschlichen Lebens mit ein: »Erlebe auch dein Sterben!« Selbst der Tod muß als etwas Angenehmes und Leichtes vermittelt werden, um endgültig seiner (dem modernen Menschen nun wirklich unzumutbaren) Tödlichkeit beraubt zu werden ...

Gerade auch für Christen klingt diese Botschaft vom »schönen Tod« zunächst sehr verführerisch. Verkünden wir nicht mit Vorliebe, daß der Tod nur »Übergang« zum ewigen Leben bei Gott ist? Die haarscharfe Grenze zwischen Wahrheit und Unwahrheit liegt hier am Wörtchen »nur«; denn so stimmt der Satz mit Sicherheit nicht, weil er den Tod ungebührlich spiritualisiert und entleiblicht. In Wirklichkeit ist der Tod von der biologischen, psychologischen, soziologischen und auch theologischen Perspektive her betrachtet zunächst einmal (herbeigesehnter oder gefürchteter) Untergang dieses konkreten irdischen Daseins; ein Untergang mit allen harten, endgültigen, schmerzenden Konsequenzen, die ein solcher radikaler Abbruch mit sich bringt. In jedem Tod geht ein in viele andere Lebenszusammenhänge verwickeltes Leben zu Ende; er bricht diese

Zusammenhänge in ihrer gewohnten Form endgültig ab. Das ist und bleibt die reale Erfahrung der meisten Sterbenden, gerade auch ihrer Angehörigen. Erst recht gilt dies für die vielen vorzeitig Sterbenden, die wegen Krankheit, Gewalt, politischer Ungerechtigkeit und Armut nicht nach einem erfüllten Leben sterben, sondern unvermittelt aus ihrem Leben herausgerissen werden.

Diese harte, schmerzliche Seite des Todes muß auch religiös ernstgenommen werden. Schließlich liegt der positive theologische Sinn unseres Todes in der Teilhabe am Tod Jesu, wie sie uns in Taufe und Glaube ermöglicht wird. Weil Jesus in seinem Sterben sich vorbehaltlos dem Vater anheimgegeben hat; weil er sein Leben und seine (von außen gesehen gescheiterte) Verkündigung vom nahen Reich Gottes vorbehaltlos in die Hände des Vaters zurückgegeben und ihm das »Fruchtbringen« seines Lebens überlassen hat, darum ist durch seinen Tod der »normale« menschliche Tod in seiner erbsündlich geprägten Form »entmachtet« worden. Vom Anfang der Menschheit an galt in der biblischen Glaubensüberlieferung der Tod als stärkster und letzter Ausdruck der Sünde, also d.h. jenes unbedingten Selbstbehauptungswillen des Menschen, der letztlich zu einer radikalen Selbstisolierung von Gott und den anderen Menschen führt, weil er sich bis zuletzt selbst festhalten und nicht los-lassen will.

Die Entmachtung dieser sündigen Gestalt des Todes und ihre Umwandlung in die Gestalt des erlösenden Todes, der allen Menschen zugute kommt, insofern sie sich in diese Gebärde des restlosen Sich-Gott-Überlassens Jesu einfügen; dies alles vollzieht sich am Kreuz Jesu. Da ist nun wirklich nichts von einem »sanften Übergang« ins Jenseits oder gar von einem »schönen Tod« zu sehen. Den verborgenen »Übergang« zum Vater bringt erst die glaubende Erfahrung seiner Auferstehung ans Licht.

Das bedeutet für unsere Verkündigung: Wir dürfen die Karfreitagsdimension des Todes nicht zu schnell und ungebrochen vom Auferstehungslicht überstrahlen lassen. Nur

wer den Tod als Untergang der irdischen Existenzweise ganz
ernst nimmt (und damit auch der Trauer reichlich Raum
gibt), kann ihn dann auch zu Recht als Übergang in ein
neues, endgültig gelingendes Leben bei Gott verkünden.
Alles andere bleibt einer kulturreligiös gestimmten Ver-
harmlosung des Todes verhaftet, auch wenn sie sich noch so
sehr mit christlichen Worten und Riten umgibt.[51]

C. APOKALYPTISCHES »ENDZEITFIEBER« IN CHRIST-CHRISTLICHEN SEKTEN UND KIRCHLICHEN RANDGRUPPEN

Ein ganz anderes, weit von allen sanften Übergangsvisionen
zwischen Diesseits und Jenseits entferntes schauriges Endzeit-Szenario tut sich einem auf, wenn man einen Blick wirft
auf bestimmte außerkirchliche Sekten (z.B. die Mormonen,
die Siebenten-Tages-Adventisten, die Zeugen Jehovas, die
Neuapostolische Kirche u.a.) oder auch auf gewisse innerkirchliche Randgruppen (evangelikaler oder traditionalisti-
scher Couleur). Hier geht es nicht um Wiedergeburt der
Seele, sondern um Wiederkunft des Herrn, verbunden mit
dem Weltuntergang. In diesen Kreisen treten immer von
neuem kräftige Schübe einer hochgespannten Endzeiterwartung auf, die man sehr treffend als »Endzeitfieber« bezeichnet hat.[52]

Zum Glück hält sich dieses »Fieber« im europäischen
Kulturraum einigermaßen in Grenzen; selbst die Jahrtau-
sendwende hat keine massenhafte Weltuntergangsstim-
mung hervorbringen können. Dafür ist die christliche Apokalyptik mit ihrer ganzen Symbolik dem allgemeinen Bewußtsein bei uns bereits viel zu fremd geworden. Mir
scheint, daß apokalyptisches Gedankengut gesamtkulturell
bei uns am ehesten (neben Kunst und Literatur)[53] in einer
ökologisch transformierten und durchaus ernstzunehmen-
den Gestalt weiterlebt. So wird seit etwa 30 Jahren gerade
von ökologisch engagierten Kreisen immer wieder in apokalyptischer Schärfe vor der möglichen, ja inzwischen als sehr

wahrscheinlich angesehenen und immer näherrückenden Katastrophe eines globalen Zusammenbruchs des ökologischen Gleichgewichts auf unserer Erde und damit unserer ganzen menschlichen Lebenswelt gewarnt. Aber auch das bewegt die Massen nicht, schon gar nicht zur beabsichtigten Umkehr des Umgangs mit den natürlichen Grundlagen unseres Lebens.

Ich möchte in diesem Zusammenhang nur auf die eigenwillige Aneignung der jüdisch-christlichen Apokalyptik in christlichen Sekten oder großkirchlichen Randgruppen eingehen. Ihnen allen gemeinsam ist die feste Überzeugung, daß das – von Gott herbeigeführte – katastrophale Ende der Welt und damit die Wiederkunft Christi nahe bevorstehen. Immer neue Berechnungen der bedrohlichen Nähe der Endzeit werden mit Hilfe einer aus den verschiedensten biblischen oder apokryphen Schriften zusammengelesenen Zahlensymbolik aufgestellt. Zugleich stimmt eine ausschließlich negativ besetzte Deutung der »Zeichen der Zeit« (Kriege, politische und gesellschaftliche Umbrüche, Naturkatastrophen, Seuchen und Krankheiten, Glaubensabfall usw.) die Anhänger emotional auf das nahe Ende der Welt ein. Allerdings sind manche dieser Gruppierungen inzwischen durch die häufig enttäuschten Terminvoraussagen des Weltendes doch etwas vorsichtiger geworden, zumindest was die präzise Terminierung der Wiederkunft Christi als Auftakt der Endereignisse angeht. Solche – oft mit großen Krisen in der Anhängerschaft verbundenen – Enttäuschungen führten immerhin zu bestimmten Neuinterpretationen, die mit der Realitätserfahrung eher verträglich zu sein scheinen.

1. Die Zeugen Jehovas

So galt z.B. für die Zeugen Jehovas lange das Jahr 1914 als Termin der Wiederkunft Christi.[54] Als sie jedoch nicht stattfand, setzte im Laufe der Zeit folgende Uminterpretation ein: Seit 1914 herrscht Christus unsichtbar im Himmel; aber die Generation von 1914 wird noch seine sichtbare Wiederkunft auf dieser Erde erleben. Da nun aber auch der Begriff »Generation« nicht endlos ausdehnbar ist, setzte 1995 eine deutliche Lehränderung ein: Das Jahr 1914 brachte durch die Himmelsherrschaft Christi zwar eine neue heilsgeschichtliche Ära in Gang, deren Ende zur Zeit aber nicht mehr berechnet wird, auch wenn es immer noch als nahe bevorstehend erwartet wird. Diese Naherwartung motiviert die Zeugen Jehovas einerseits zu einer weiterhin sehr aktiven missionarischen Verkündigung; denn die Verzögerung der Wiederkunft Jesu gilt als von Gott eingeräumte »Gnadenfrist«, um noch möglichst viele Anhänger zu gewinnen. Andererseits aber schottet sie die Gemeinschaft noch immer weitgehend von ihrer Umwelt ab, eben weil sie ganz auf das alles umstürzende Ende fixiert und an einer aktiven Mitgestaltung des gesellschaftlichen Lebens hier und jetzt nicht sonderlich interessiert ist. Das ist eine typische Schwäche vieler apokalyptisch eingestellter Gruppierungen.

Wie sieht das Ende in der Erwartung der Zeugen Jehovas aus? Natürlich spielt auch bei ihnen die kommende Schlacht bei Harmagedon eine große Rolle.[55] Gott rechnet erbarmungslos mit den bösen politischen und kirchlichen Systemen ab (vor allem mit der katholischen Kirche) und vernichtet alle Ungläubigen, also alle Menschen außer den Zeugen Jehovas. Danach folgt die Auferstehung der Toten, ein tausendjähriger Gerichtstag und schließlich ein ewiges irdisches Paradies.[56]

2. Extreme evangelikale Apokalyptiker

In dem breitgefächerten religiösen Spektrum Nordamerikas spielt das sog. »Erweckungschristentum« im Kontext protestantischer Freikirchen, vor allem der pfingstkirchlich-charismatischen und der evangelikalen Bewegungen, eine große

Rolle. Ja, es kann aufgrund seiner starken Ausbreitung in vielen Kontinenten heute als eine Art »christlicher Trendreligion« angesehen werden.[57] Diesen Bewegungen geht es vornehmlich um die Erneuerung des einzelnen, der sein Leben Christus übergeben soll, und um die Missionierung der ganzen Welt, um alle für Christus zu gewinnen, und zwar in Form dieses evangelikalen Christseins. Die Erwartung der baldigen, leiblichen Wiederkunft Christi hier auf Erden gehört durchaus auch zum festen Repertoire ihrer Verkündigung; sie ist auch ein wichtiges Motiv evangelistischer Missionstätigkeit (das Evangelium soll eben vor der Wiederkunft allen Völkern verkündet werden), aber sie steht nicht im Zentrum evangelikaler Spiritualität. Dennoch gab es gerade im Hinblick auf das Jahr 2000 innerhalb dieser ganzen pfingstlichen Bewegung doch auch häufig Gruppen und Prediger mit einem deutlich »gesteigerten apokalyptischen Bewußtsein« (R. Hempelmann). Das führte dann zu schreckenerregenden Ausmalungen der Endzeit: mit der »großen Trübsal«, mit der furchtbaren Herrschaft des Antichristen und mit vielen gewaltigen Schlachten, die sich alle um Israel drehen (dem ja die biblischen Verheißungen und Androhungen gelten). Israel wird von den in Harmagedon versammelten Heeren des Antichristen mit der Vernichtung bedroht. Dieser Antichrist wird – je nach politischer Einstellung der betreffenden Gruppe – mit wechselnden politischen Mächten identifiziert (ausgenommen natürlich die USA). Die wahrhaft gläubigen Christen der eigenen Bewegung brauchen sich vor diesen endzeitlichen Kämpfen nicht weiter zu ängstigen. Denn sie werden vorher rechtzeitig zu ihrem Herrn im Himmel entrückt und können so unbehelligt Zeugen des Massakers auf Erden sein. Auf dem Höhepunkt der Kämpfe erscheint dann Christus mit seinen himmlischen Heerscharen (auch mit den entrückten Heiligen) sichtbar auf dieser Erde und vernichtet die Heere des Antichristen. Er richtet sein tausendjähriges Friedensreich auf, muß aber danach noch einmal einen Aufstand Satans endgültig niederkämpfen, so daß dann endlich die Auferstehung der Toten, das Letzte Gericht und die völlige Neuschöpfung von Himmel und Erde erfolgen können.

Man kann diese ganzen Endzeit-Szenarien als abstruse Phantasieprodukte irgendwelcher religiöser und politischer Wirrköpfe abtun. Aber sie üben – gerade in Zeiten politischer und gesellschaftlicher Umbrüche, in Krisen- und Kriegszeiten – auf viele tief verunsicherte und entwurzelte Menschen in den verschiedensten Ländern und Kontinenten eine beträchtliche Faszination aus. Schließlich können sie sich auch für jedes Detail auf einen Bibeltext berufen, sei es im Buch Daniel, dem ältesten apokalyptischen Buch der Bibel (2.–3. Jahrhundert v. Chr.), oder beim Propheten Ezechiel, vor allem aber auch in der Offenbarung des Johannes, dem letzten Buch des Neuen Testaments. Was sind von kirchlich-theologischer Seite her die Haupteinwände gegen eine solche Ausdeutung der biblischen Texte?

3. Haupteinwände gegen solche Bibelauslegung

Eine sachliche Auseinandersetzung mit überzeugten Vertretern dieser Richtungen ist ziemlich hoffnungslos. Denn es gibt keine gemeinsame Basis für ein methodisch begründetes Verständnis der biblischen Texte. Ohne alle literatur- und geschichtswissenschaftlich begründeten Auslegungsregeln (»Hermeneutik«) sind die biblischen Texte eben völlig der subjektiven Willkür der einzelnen Ausleger oder bestimmter Gruppen ausgeliefert, auch und gerade, wenn sie so buchstäblich gelesen werden, wie sie dort zu stehen scheinen. Was sind die Irrtümer einer solchen Bibellektüre?

a) Die Bibel – keine Informationsquelle für Endzeit-Szenarien

Die Bibel wird in diesen Kreisen als eine große Sammlung von absolut sicheren Informationen über den gesamten Geschichtsverlauf vom Anfang der Welt bis zu ihrem Ende betrachtet. Diese Informationen stammen unmittelbar von Gott; die menschliche Vermittlung der biblischen Verfasser spielt überhaupt keine Rolle. Darum werden alle Bibelstellen wortwörtlich als göttlich-objektive historische Tatsachenaussagen verstanden.

Das widerspricht aber völlig dem biblischen Selbstverständnis; denn in den Schriften der Bibel spricht sich nicht ein göttlich gesichertes »Faktenwissen« (im neuzeitlichen Sinn) aus, sondern der von Gott geschenkte zuversichtliche Glaube des Volkes Gottes an die von der Schöpfung bis zur Vollendung der Welt wirksame Treue Gottes. Dieses Vertrauen bezeugt die Bibel von der ersten bis zur letzten Seite: Das Vertrauen, daß Gott sein Volk aus allen geschichtlichen Bedrängnissen rettet und es – zusammen mit der erneuerten Schöpfung – durch Gericht, Tod und Auferweckung der Toten einmal zu einem großen endzeitlichen Frieden führen wird, eben zur unangefochtenen, beständigen Gemeinschaft mit Gott. Das ist die Mitte aller prophetischen und apokalyptischen Texte der Bibel, in denen die Glaubenden das Wort Gottes selbst vernehmen, also das ermutigende, tröstende, unbedingt verläßliche Versprechen seiner Treue. Die Bibel ist kein »Geschichtsbuch« in unserem heutigen Sinn, weder für die Vergangenheit noch für die Zukunft, sondern ein Glaubensbuch, das die Treue Gottes für alle Zeiten bezeugt. Nehmen wir als Beispiel die bekannte Stelle 1 Thess 4,15–17:

Denn dies sagen wir euch mit einem Wort des Herrn, daß wir, die Lebenden, die Übrigbleibenden, bei der Parusie des Herrn nichts voraus haben vor denen, die entschlafen sind; denn der Herr selbst wird bei einem Befehl, bei der Stimme des Erzengels und bei der Posaune Gottes herabsteigen vom Himmel, und die Toten in Christus werden zuerst auferstehen, darauf werden wir, die Lebenden, die Übriggebliebenen, zugleich mit ihnen entrückt werden auf den Wolken in die Luft zur Einholung des Herrn. Und so werden wir immer mit dem Herrn sein.

Wie exegetisch verantwortlich mit einem solchen apokalyptischen Text umgegangen werden kann, mag aus dem folgenden Zitat des Wiener Exegeten Jacob Kremer (von dem auch die Übersetzung der Paulus-Stelle stammt) deutlich werden:

> Wer dieses anschaulich wirkende Bild aufmerksam betrachtet, stellt bald fest, daß der Apostel hier keine exakte Vorausschau bietet. In den damals bekannten Farben apokalyptischer Szenarien (z.B. »Stimme des Erzengels« und »Posaune Gottes« als bildhafte Angaben dafür, daß das Geschehen zu einem von Gott bestimmten Zeitpunkt erfolgen wird) bietet er eine keineswegs als Bericht zu bewertende Schilderung; denn einerseits ist vom Herabsteigen des Herrn vom Himmel die Rede und andererseits vom Entrücktwerden der Übriggebliebenen auf den Wolken zur Einholung des Herrn. Wohin dann das Herabsteigen des Herrn, die Auferstehung der entschlafenen Christen und die Entrückung der Übriggebliebenen führen wird, bleibt ebenso offen wie der Ort, wo alle immer mit dem Herrn sein werden (die Erde oder der Himmel?). Die einem modernen surrealistischen Gemälde (etwa von Chagall) ähnelnde Schilderung dient unmißverständlich nicht der Information über den Hergang der Auferstehung der Toten (nicht der – wie Paulus – noch Lebenden), sondern der Tröstung derer, die über den Tod einzelner Gemeindemitglieder betrübt sind. So schließt Paulus seine Ausführung auch mit dem Appell: »So tröstet einander mit diesen Worten« (4,18).[58]

b) »Steinbruchexegese«

Die Bibel wird in solchen extremen evangelikalen Kreisen völlig zusammenhanglos, gleichsam wie ein »Steinbruch«

benutzt; das heißt, bestimmte Stellen aus völlig verschiedenen Büchern der Bibel, sei es des Alten oder des Neuen Testaments, die also auch in ganz verschiedenen Situationen und Zeiten entstanden sind, werden einfach aus ihrem Zusammenhang herausgerissen und ganz neu zusammengesetzt; sie werden dann schön säuberlich aneinandergereiht und ergeben so einen klaren, aus heutiger, evangelikaler Sicht entworfenen zeitlichen Ablauf der Endereignisse. Damit aber wird die Bibel instrumentalisiert zu einem Beweisarsenal für die eigenen religiösen und auch politischen Zukunftsvorstellungen. Dahinter steht die Überzeugung, daß die apokalyptischen Texte fast ausschließlich für die heutige Zeit geschrieben sind und erst in unserer Gegenwart oder in der baldigen Zukunft in Erfüllung gehen.

Nun aber beziehen sich die verschiedenen Bücher der Bibel primär auf die jeweilige Zeit ihres Entstehens. Sie wollen zuallererst einmal den Gläubigen ihrer Zeit das Wort und den Willen Gottes verkünden und die »Zeichen der Zeit« deuten. Das tun sie in der Sprache, den Bildern und Symbolen ihrer Zeit, die für uns heute weithin fremd geworden und nur noch aus dem geschichtlichen Zusammenhang heraus verständlich sind. So ist z.B. die Offenbarung des Johannes gegen Ende der Regierung des Kaisers Domitian (81–96) in Kleinasien von einem urchristlichen Propheten namens Johannes (vgl. Offb 1,9) verfaßt worden. In ihr drückt sich der religiöse (und sich auch politisch auswirkende) Widerstand der kleinasiatischen Christen gegen das römische Imperium aus. Sie stellt ein Trostbuch der dort verfolgten christlichen Minderheit dar, indem sie diese ermutigt: Seid getrost, der Kampf ist bereits entschieden, Christus ist der Sieger, der Herr der Geschichte! Er kommt bald wieder und wird auch hier auf Erden den Kampf Satans gegen die Kirche beenden. Dann wird eine neue Welt entstehen, das »himmlische Jerusalem« und der »neue Himmel und die neue Erde«. In einer Fülle von Bildern und Visionen, die z.T. der biblisch-prophetischen Tradition des Alten Testaments oder der apokalyptischen Literatur des Judentums aus der Zeit »zwischen« AT und NT und schließlich dem neutestamentlichen Christusglauben entstammen, wird die damalige Gegenwart und ihre nahe Zukunft in symbolisch verschlüsselter Weise geschildert. So verkörpert sich für sie Satan, der Antichrist und Gegenspieler Gottes, im römischen Imperium, das als christusfeindliches Kaisertum und als sündiges Babylon als der große endzeitliche Gegenspieler gegen Christus und seine Gemeinde auftritt.[59]

Natürlich ist diese »Offenbarung des Johannes« nicht nur für die damalige Christenheit geschrieben worden. Da die Kirche sie im 4. Jahrhundert endgültig in ihren Kanon der Heiligen Schriften aufgenommen hat, gilt sie für die Christen aller Zeiten und darum auch heute als verbindliches Wort Gottes – aber eben nicht losgelöst von ihrer geschichtlichen Ursprungssituation. Insofern es nun auch bis zum heutigen Tag immer wieder vergleichbare Krisen- und Verfolgungssituationen des Volkes Gottes oder einzelner Gemeinden und Ortskirchen gibt, können die Bilder der Johannesoffenbarung durchaus auch zur Deutung der jeweils gegenwärtigen Situation gebraucht werden. Allerdings nicht, um aus einem tiefen Rache- und Vergeltungsbedürfnis heraus ein militantes Endzeitgemälde zum Schrecken aller Gegner des eigenen Glaubens zu entwerfen, sondern um daraus Hoffnung im Widerstand gegen politische oder soziale Unrechtssysteme zu schöpfen (wie z.B. viele schwarze Gemeinden Südafrikas zur Zeit des Apartheid-Regimes), aber auch um Kraft zum Durchhalten und Überwinden aller Art bedrohlicher Notsituationen zu erhalten.

c) Trennung von erstem und letztem Kommen Christi

In extremen evangelikal-apokalyptischen Gruppen besteht zwischen der bald erwarteten Wiederkunft Christi und seinem ersten Kommen in der Menschwerdung so gut wie keine inhaltliche Beziehung. Der uns aus der Geschichte bekannte Menschensohn Jesus wird zwar noch rein formal als identisch mit dem wiederkommenden Christus angesehen, aber sachlich verbindet die beiden heilsgeschichtlichen Ereignisse nichts mehr. Das erste Kommen »in Niedrigkeit« steht in völligem Kontrast zum künftigen Kommen »in Herrlichkeit«. Ersteres wird eher als ein bedauerlicher »Betriebsunfall« eingestuft, der bei der endzeitlichen Wiederkunft mit allen Mitteln himmlisch-militärischer Machtanwendung ausgebügelt werden muß. Was Jesus bei seinem ersten Kommen mit Liebe leider nicht erreicht habe, wird er dafür um so sicherer am Ende der Zeit mit Gewalt durchsetzen: eben seine weltweite Anerkennung als Herr der Geschichte. Darum erfolgt die eigentliche Erlösung erst richtig durch die endzeitliche Wiederkunft Christi, weniger durch seine Menschwerdung, seine Reich-Gottes-Verkündigung, seinen Tod und seine Auferstehung. Hier liegt also eine völlige Gewichtsverlagerung auf das apokalyptische Ende vor, was aber ganz der Verkündigung Jesu und der Urkirche widerspricht.

Das ist der entscheidende theologische Kurzschluß solcher apokalyptischer Gruppen: Sie lösen die biblischen Endzeitvisionen aus dem Gesamtgefüge der Offenbarung heraus. Sie lesen sie nicht mehr im Zusammenhang mit dem Zentrum des christlichen Glaubens, eben mit dem Geschehen der Selbstmitteilung des dreieinen Gottes in Jesus Christus. Dieses geschichtliche Geschehen, das in den Evangelien, in der Apostelgeschichte und in den Apostelbriefen durchgehend als ein Geschehen der erbarmenden und heilenden Liebe Gottes verkündet wird, gibt den einzig angemessenen Verstehensschlüssel für die Texte der Johannesoffenbarung an die Hand. Wenn sie nämlich im Geist dieses menschgewordenen Sohnes Gottes gelesen werden, können sie nie und nimmer als Voraussage eines blutrünstig sich rächenden und sein Recht gewaltsam durchsetzenden Gottes gedeutet werden, sondern nur als endgültige Vollendung des irdischen Heilswerkes Christi. Diese Vollendung kann aber nicht in einem völlig entgegengesetzten Stil vollzogen werden, weil sonst das erste Kommen Christi ganz und gar entwertet und unglaubwürdig wird. Das zentrale Christussymbol der Johannesoffenbarung ist eben das »geschlachtete Lamm«, das für die restlose Lebenshingabe Jesu in Tod und Auferstehung steht. Als solches »Lamm Gottes« kann Jesus die Siegel der Weltgeschichte öffnen, kann er als der erhöhte Herr der Geschichte und ihrer Vollendung verehrt werden, nicht anders. Alle anderen Symbole des endzeitlichen Christus und seines vollendenden Sieges über die Mächte des Bösen sind von diesem Symbol her zu verstehen, also von Kreuz und Auferstehung Jesu her. Soweit sie sich darin integrieren lassen, behalten sie ihre verbindliche Kraft auch für uns heute (s. 2. Teil, I.).

Der Epheserbrief gibt ein gutes Beispiel, wie Vergleiche aus dem militärischen Bereich im Bereich des Glaubens zu verstehen sind. Sie stehen als Symbol dafür, daß Glauben auch ein Kampf ist, ein Kampf gegen die Mächte des Bösen, die von Christus zwar in ihrer Wurzel entmachtet sind, aber dennoch, solange die Geschichte währt, heftige »Rückzugsgefechte« liefern. In diesem Sinn heißt es im Epheserbrief (6,12–18):

Denn wir haben nicht gegen Menschen aus Fleisch und Blut zu kämpfen, sondern gegen die Fürsten und Gewalten, gegen die Beherrscher dieser finsteren Welt, gegen die bösen Geister des himmlischen Bereichs. Darum legt die Rüstung Gottes an, damit ihr am Tag des Unheils standhalten, alles vollbringen und den Kampf bestehen könnt. Seid also standhaft: Gürtet euch mit Wahrheit, zieht als Panzer die Gerechtigkeit an und als Schuhe die Bereitschaft, für das Evangelium vom Frieden zu kämpfen. Vor allem greift zum Schild des Glaubens! Mit ihm könnt ihr alle feurigen Geschosse des Bösen auslöschen. Nehmt den Helm des Heils und das Schwert des Geistes, das ist das Wort Gottes. Hört nicht auf, zu beten und zu flehen! Betet jederzeit im Geist; seid wachsam, harrt aus und bittet für alle Heiligen.

Dieser Kampf des Glaubens gegen die Macht des Bösen in

unserer Welt kann also eindeutig nur mit den Mitteln des Glaubens selbst ausgefochten werden, und nicht mit den Machtmitteln dieser Welt. Das gilt genauso auch für das Ende der Zeit und den dann offenbar werdenden Sieg Christi über das Böse (dazu später mehr).

4. Apokalyptik in katholischen Randgruppen

Werfen wir noch einen kurzen Blick auf das, was sich gegenwärtig an apokalyptischen Vorstellungen auch am Rand der katholischen Kirche tummelt.[60] Eine nicht zu übersehende Zahl von katholischen Gläubigen ist durch die gesamtkulturellen und innerkirchlichen Entwicklungen der letzten 40 Jahre stark verunsichert. Die Auflösung der katholischen Milieus und die damit verbundene tiefgreifende Veränderung der kirchlichen Glaubenspraxis bei über drei Viertel der getauften Katholiken, die Öffnung der katholischen Kirche seit dem II. Vatikanischen Konzil zur modernen Kultur und ihren Grundwerten hin (z.B. Religionsfreiheit, Gleichheit aller Menschen, Demokratie, Partizipation und Mitbestimmung usw.), die theologische Neuinterpretation traditioneller Glaubensinhalte (gerade auch in der Eschatologie) – das alles weckt in bestimmten Kreisen den Eindruck einer extremen, tiefsitzende Ängste auslösenden Krisen- und Untergangssituation. Darum wird auch hier wie in evangelikalen Gruppen mit einem baldigen, von ihnen intensiv herbeigesehnten und von Gott herbeigeführten katastrophalen Ende dieser Welt und einem leibhaftigen Erscheinen Christi auf dieser Erde zum endgültigen Sieg über die Feinde der noch treu gebliebenen Gläubigen gerechnet.

Auch diese Apokalyptik trägt stark militante Züge. Das Besondere dieser katholischen Variante liegt m.E. in folgendem:

a) Die besondere Rolle Mariens

Eindeutig spielt in diesen Endzeitvorstellungen die Mutter Gottes eine zentrale Rolle. Den Hintergrund bilden die (kirchlich nie anerkannte) sog. »große Botschaft« von La Salette (1879, also 33 Jahre nach den dortigen Marienerscheinungen veröffentlicht) und die (immer weiter ausgeschmückten) Botschaften von Fatima. Zusammen mit Spekulationen um das sog. »dritte Geheimnis von Fatima«, mit immer neuen Marienerscheinungen und bedrohlichen Botschaften in bestimmten traditionalistisch eingestellten Kreisen sorgen sie für eine permanente Naherwartung des Endes dieser hoffnungslos sündigen Welt. Bei der Beschreibung dieses Endes kommt dem 12. Kapitel der Johannesoffenbarung eine große Bedeutung zu: Der Seher sieht ein großes Zeichen am Himmel, die apokalyptische Frau, die mit Sonne, Mond und Sterne bekleidet ist, die von dem großen Drachen bedroht wird und die mitten in dieser Bedrohung das Messiaskind zur Welt bringt (Offb 12,1–6). Diese Frau wird mit Maria identifiziert, was zweifellos gute kirchliche Tradition ist. Vom Text und seiner Auslegungsgeschichte her ist allerdings zunächst einmal damit das neue, endzeitliche Israel, die »Tochter Zion« gemeint, aus der der Messias hervorgegangen ist und der sich das neue Israel, seine Kirche gesammelt hat, die in Maria ihr personifiziertes Urbild erkennt.

Der entscheidende Akzent »katholikal«-apokalyptischer Auslegung dieser Stelle liegt darin, daß im Endkampf zwischen den Mächten des Bösen und den Mächten des Guten, der im Himmel bereits entschieden ist, die Fürsprache Marias bei ihrem Sohn letztlich den Ausschlag für den Sieg des Guten auch hier auf Erden gibt. Nur wer eindeutig auf Seiten Mariens steht und auf ihre Fürsprache vertraut, wird bei der endgültigen Scheidung zwischen Gut und Böse auf Seiten der Guten und damit der geretteten Sieger zu stehen kommen. Die Barmherzigkeit Gottes, die nicht geleugnet, aber spirituell in weite Ferne gerückt und vom Zorn Gottes fast ganz verdeckt wird, sie wird greifbar nur noch in der Gestalt Marias, in deren Schutz wir uns vor dem göttlichen Strafgericht flüchten müssen. Sie schützt die guten Geschöpfe vor dem Zorn des Schöpfers. Auch Christus geht in dieser Sicht weithin in seiner Rolle als gerechter Richter und Rächer auf. Von dem Menschensohn, der einst gekommen ist, die Sünder zu berufen und das Verlorene zu suchen, ist am Ende nicht mehr viel zu sehen.

Diese weitgehende Loslösung der Endzeiterwartungen vom authentischen christlichen Gottes- und Christusbild, die zugleich kompensiert wird durch eine überzogene, von der kirchlichen Tradition so keineswegs gedeckte Marienverehrung, macht diese Art von Apokalyptik sehr fragwürdig. Sie führt in der Regel nicht zu mehr Vertrauen, Hoffnung und Liebe gegenüber Gott und den Menschen, sondern – dem strengen Gottesbild entsprechend – zu Angst und Enge, gerade auch zu Härte und Intoleranz allen anderen Christen gegenüber, die sich dieser Endzeiterwartung nicht anschließen wollen.

b) Die scharfe Kirchenkritik

Ein zweites besonderes Merkmal solcher innerkatholischen Apokalyptik liegt in ihrer scharfen Kirchenkritik. Das ist offensichtlich ein Gebiet, auf dem sich extreme »rechte« und »linke« kirchliche Gruppierungen treffen können, wenn auch aus völlig verschiedenen Stoßrichtungen ... Die Kirche, gerade auch die Hierarchie (der Papst natürlich ausgenommen), wird von solchen Gruppen vor allem deswegen angegriffen, weil sie den wahren traditionellen Glauben verlassen habe. Es wird heute in der ganzen Kirche zu wenig »richtig« geglaubt und Buße getan, woran besonders die treulosen Hirten schuld seien. Das sei der eigentliche Grund für den gesellschaftlich-moralischen Niedergang der Kirche und für den katastrophalen Gesamtzustand der Welt überhaupt, worin sich eben der lodernde Zorn Gottes gegen die Sünden seines Volkes und seiner Hirten manifestiere. Es herrscht auch hier wieder dasselbe Argumentationsschema, das seit jeher in ähnlichen apokalyptischen Bewegungen gebräuchlich ist: »a) Die Welt ist in einem desolaten Zustand; b) Hauptschuld dafür trägt eine zu laue (entweder nur nominelle oder ›falsch‹ glaubende) Christenheit; c) Die Christenheit müßte gegen diese Welt ankämpfen, und zwar indem sie wieder ›richtig‹ glaubt; d) Die Welt wird nicht besser – folglich wird zu wenig/falsch geglaubt.«[61] Den Zorn Gottes kann Maria nur noch mühsam besänftigen; ihre häufigen Mahnungen und ihre vielen Tränen sollen die Christen endlich bewegen, in großer Zahl wieder zum alten, wahren Glauben umzukehren, damit das schreckliche Zorngericht Gottes über seine Kirche und über die ganze Welt doch noch abgewendet werden könne.

Was den Umgang mit der Bibel innerhalb solcher Gruppen angeht, trifft weithin die gleiche Kritik zu, die wir oben an der evangelikalen Bibelauslegung angebracht haben. Die Ablehnung jeder historisch-kritischen Methode und einer biblisch-theologischen Hermeneutik, die die apokalyptischen Texte im engen Zusammenhang mit dem gesamten Geschehen der Selbstmitteilung Gottes in Jesus Christus zu deuten versucht, macht auch hier die innerkirchliche Verständigung äußerst schwierig.

c) Die typischen Ambivalenzen einer isolierten Apokalyptik

Sehr deutlich treten in solchen Gruppen die typischen Ambivalenzen einer sich aus dem Gesamtzusammenhang des Glaubens isolierenden apokalyptischen Religiosität hervor: z.B. ihre irrationale Fixierung auf das katastrophale Ende der Welt; ihre Sucht, überall bestätigende Schreckenszeichen für die Nähe dieses Endes zu entdecken; oder die Dämonisierung der anderen, die diese Weltsicht nicht teilen, was dann meist zu einer sektiererisch-elitären Abschottung der eigenen Gruppe führt; oder der damit verbundene weltanschauliche Dualismus, der ganz klar die Fronten zwischen Gut und Böse in unserer Welt ausmachen kann,

Rössiltor
Bücher

Rösslitor Bücher Handlungs AG
Rösslitor Bücher
Rossgasse
9200 Gossau
Telefon: +41 (0)71 222 47 47
info@buch.ch

... und das kostet   13.90
... noch eine Liste?
... /08/14

                            4.48

Rückgeld   1.10
                             4.44
Mehrwert   10.45

21.x.20xx 17:30
Besten Dank für Ihren Einkauf.
Umtausch nur mit Kassenbon.

nämlich an den Grenzen der eigenen Gruppe usw. Auf der anderen Seite ist es religionssoziologisch eine unbestreitbare Tatsache, daß die apokalyptischen Symbole der Bibel zu allen Zeiten gerade unterdrückten Minderheiten zu einem entschiedenen, selbst das Martyrium auf sich nehmenden Widerstand gegen politische Unrechtssysteme ermutigt hat. Erst recht aus theologischen Gründen gehört die Apokalyptik unaufgebbar zur jüdisch-christlichen Hoffnungstradition. Sie bleibt seit eh und je der notwendige »Stachel im Fleisch« einer Christenheit, die sich zu behaglich in dieser Welt einrichtet, die zu vergessen droht, daß »die Gestalt dieser Welt zerfällt«, die sich mit allem und jedem irgendwie zu arrangieren versucht und so der Macht der Sünde nicht entschieden genug Widerstand leistet (auch in ihren eigenen Reihen). Allerdings kann dieses Korrektiv nur dann glaubwürdig wirken, wenn es nicht aus dem Gesamtzusammenhang des christlichen Glaubens herausgerissen, zu einem mythologischen Endzeit-Szenario aufgebauscht wird und damit für die meisten Gläubigen jede existentielle Bedeutung verliert. Von daher stellt sich um so drängender die Frage nach einem gläubigen Umgang mit der Apokalyptik, der auch theologisch zu verantworten ist: Wie kann das apokalyptische Erbe der biblischen Glaubensüberlieferung so integriert werden, daß es weder mythologisiert noch domestiziert wird?

Zweiter Teil
»Und das Leben der kommenden
Welt« (Credo) –
Was erhoffen Christen davon?

I. Die christliche Deutung apokalyptischer Visionen vom Ende und Untergang der Welt

Es ist eigenartig: In verschiedensten außerkirchlichen Sekten und auch in traditionalistisch angehauchten frommen Gruppen am Rand des kirchlichen Spektrums haben apokalyptische Erwartungen zur Zeit eine gewisse Hochkonjunktur. Demgegenüber scheinen sich die »normalen« Gemeindechristen hierzulande zwar durchaus für ein »Leben nach dem Tod« zu interessieren. Die spezifisch apokalyptische Vorstellungswelt, die wir im vorigen Kapitel ein wenig kennengelernt haben, ist ihnen jedoch weithin fremd und unverständlich.

Aber es hilft auf Dauer nicht weiter, die apokalyptische Tradition einfachhin aus der neuzeitlichen christlichen Hoffnung auszuschließen und sie ganz den Sekten zu überlassen. Das führt nicht nur zu einer großen Verarmung der biblischen Hoffnung, zu ihrer Verkürzung auf das persönliche Schicksal des Individuums und seiner »unsterblichen Seele« nach dem Tod. Es erweist sich auch als das Produkt eines typisch neuzeitlichen Mythos: nämlich der Vorstellung, es ginge mit unserer Geschichte einfach endlos so weiter. Dazu bemerkt Jürgen Moltmann in seinem neuen Buch über Eschatologie sehr treffend:

> Heute ist die Vorstellung von der weiterlaufenden Weltgeschichte nichts als ein frommer Wunschtraum. Jeder Zurechnungsfähige kennt die drohenden nuklearen, ökologischen und ökonomischen Katastrophen der modernen Welt. ... Der Glaube, es ginge »immer weiter« und ein Ende wäre nicht in Sicht, jedenfalls für uns nicht, gehört zu den Märchen der »modernen Welt«, den Märchen von ihrer Endlosigkeit und ihrer Alternativlo-

sigkeit. Das ist säkularisierter Chiliasmus (= Glaube an ein tausendjähriges Reich Christi auf Erden, nach Offb 20,4). Wer die »moderne Welt« zu seinem Millennium, zu seinem »goldenen Zeitalter« erklärt, in welchem es nur noch um die Verfeinerung der Machtmittel und die immer bessere Annäherung an die Vollendung geht, macht sie in Wahrheit für andere zum »Tier aus dem Abgrund«, zur »Hure Babylon«, zum gefräßigen »Drachen« aus Offb 13 und bereitet ihren Untergang vor.[62]

Die Frage ist nur: Wie ist die Apokalyptik auf vernünftige Weise zu »retten«? Was ist ihr bleibend gültiger Sinn auch für uns heute? Dazu werfen wir erst einmal einen kurzen Blick auf die biblische Überlieferung.

1. Was sagt die Bibel dazu?

a) Die geheimnisvolle Sprache der »Apokalypse«

Vom Begriff »Apokalyptik« ist deutlich der Begriff der »Apokalypse« zu unterscheiden. Während letztere eine bestimmte literarische Form meint (also z.B. das Buch der »Apokalypse« des Johannes), wird mit Apokalyptik der theologische Inhalt einer bestimmten biblischen Hoffnungsweise umschrieben.[63] Beide Worte leiten sich vom griechischen Verb »apokalyptein« ab, was mit »offenbaren« bzw. »enthüllen« zu übersetzen ist. Das bedeutet: Der Begriff »Apokalypse« bezeichnet eine besondere Art von Offenbarungs-Literatur, in der zusammen mit dem Inhalt des von Gott Offenbarten auch ausdrücklich der Vorgang bzw. die Vermittlung der Offenbarung geschildert wird. In Form von Visionen, Auditionen oder Traumgesichten gewährt Gott (oder ein himmlisches Wesen in seinem Auftrag) einem bestimmten Menschen, der meist unter dem Pseudonym einer bekannten Gestalt der Vergangenheit auftritt, Einblick in den Lauf der Heilsgeschichte, vor allem in das nahende Ende mit seinem furchtbaren Schrecken, aber auch in die danach für die Glaubenden erwartete endgültige Heilszeit.

Besonders greifbar wird diese Offenbarungsform im Alten Testament im Buch Daniel, das aus dem 3. und 2. Jahrhundert v. Chr. stammt (vor allem im sogenannten »Traumgesicht« Dan 2,28–45 und in der »Tiervision« Dan 7,1–28), im Neuen Testament schließlich in der Offenbarung des Johannes, dem gegen Ende des 1. Jahrhunderts n. Chr. verfaßten Trostbuch für die unter der Verfolgung durch den römischen Kaiser Domitian (81–96 n.Chr.) besonders leidenden kleinasiatischen Christen. Darüber hinaus gibt es aber gerade in den sogenannten frühjüdischen Schriften »zwischen den biblischen Testamenten«, die also nicht in den Kanon aufgenommen wurden, eine Vielfalt ähnlicher Formen apokalyptischer Offenbarungsliteratur (z.B. der äthiopische Henoch, das Testament der Zwölf Patriarchen, das 4. Esrabuch, die syrische und die griechische Baruch-Apokalypse u.a.). Hier werden Motive aus der Tradition des persischen Religionsreformers Zarathustra, aus den alttestamentlichen Propheten und der Weisheitsliteratur aufgegriffen und zu einem eigenständigen theologischen Gesamtgebilde zusammengesetzt, das eine neue Antwort des jüdischen Glaubens auf die dramatische Situation dieser Epoche darstellt. Darin formuliert sich vor allem der gläubige Widerstand der frommen Hasidäer (= Vorläufer der Pharisäer) und der kämpferischen Makkabäer (= Vorläufer der Zeloten) in Israel gegen die imperialistische Fremdherrschaft der Seleukiden (= Nachfolger Alexanders des Großen); diese waren – nach einer Zeit der friedlichen Koexistenz – dazu übergegangen, in einer Art »Zwangshellenisierung« die religiösen, sozialen und volkstümlichen Traditionen der unterworfenen Völker aufzulösen. Ihre Politik führte einerseits zu einem Massenabfall vom Glauben in Israel. In »konservativen« Kreisen jedoch, die am traditionellen Glauben Israels festhielten, mobilisierte diese extreme Erfahrung von Unterdrückung und Glaubensabfall anderererseits ein starkes, den religiösen und politischen Widerstand weckendes Hoffnungspotential. Dieses verschaffte sich Ausdruck in einer oft überbordenden Fülle von Symbolen aus Kosmologie, Astronomie, Zahlenmystik, Engelspekulationen, Tiervisionen, Traumgesichten, bereits erlebten oder noch befürchteten Geschichtskatastrophen usw.

Dieses Phänomen, den katastrophal erlebten Welt- und Geschichtslauf mit Hilfe verschlüsselter Symbolwelten zu deuten, ist weit über den biblischen Raum bis in unsere Gegenwart hinein verbreitet. Religionspsychologisch wird es (z.B. auch bei E. Drewermann) generell verstanden als Versuch einer symbolischen Bewältigung äußerster Erfahrungen von Angst, Ohnmacht und Ausweglosigkeit: »Innerer Bildersturm drückt den Konflikt nicht nur aus, sondern ist auch eine erste Hilfe, dessen ansichtig zu werden und das zu hören zu bekommen, was wirklich rumort. Bilderwelten sind Symbolisierungsangebote zur Realitätswahrnehmung«.[64] – Worum geht es inhaltlich in diesen Apokalypsen?

b) Die Grundaussage der alttestamentlichen Apokalyptik

In den oft nur schwer zu enträtselnden Bildern und Symbolen der alttestamenttlichen und frühjüdischen Apokalypsen spricht sich eine ganz bestimmte theologische Auffassung von Gott, der Welt und der Geschichte aus. Sie läßt sich zwar nicht völlig von allen anderen biblischen Traditionen (z.B. jener der Propheten) abgrenzen, setzt aber doch deutlich neue und andere Akzente, in denen sich eine neue Gottes- und Geschichtserfahrung widerspiegelt. Zugrunde liegt das in Israel damals weithin akzeptierte »deuteronomistische« Geschichtsbild (so genannt vom 5. Buch Mose, dem Deuteronomium her): Der Verlauf der gesamten Weltgeschichte, ob zum Heil oder zum Unheil, hängt ganz und gar ab vom Gehorsam oder Ungehorsam Israels der Thora Gottes gegenüber (z.B. Dtn 28!). Israel und sein Verhalten dem Gesetz gegenüber ist der Angelpunkt, der bewegende

Motor, das ausschlaggebende Kriterium für die Heils- oder Unheilsgeschichte der ganzen Welt. Ist es ungehorsam (= die Sünde Israels), wird es von den Völkern unterjocht; deren Machtausübung steigert sich dabei ins absolut Unmenschliche und Gottfeindliche (= die Sünde der Völker, die sie selbst dann zerstört!). Kehrt Israel jedoch um zum Gehorsam, wird Jahwe es befreien, und die Völker werden ihm dienen bzw. – im Symbol der Völkerwallfahrt – sich an Israels Rechts- und Lebensordnung orientieren. Israel zieht also die ganze Schöpfung mit ins Heil oder ins Unheil hinein.

In den extremen politischen und religiösen Krisensituationen der letzten drei vorchristlichen Jahrhunderte, in denen der Ungehorsam Israels und die Unterdrückung durch die anderen Völker in den Augen der frommen Juden zu einer scheinbar völlig ausweglosen Situation geführt haben, tritt nun das spezifisch apokalyptische Bewußtsein auf: nämlich, daß die eigene geschichtliche Gegenwart den Höhepunkt und die End-Zeit einer absolut heillosen Entwicklung darstellt. Die Sünde in der Welt wird als so ungeheuer groß erlebt, daß es in dieser Welt und Geschichte kein Heil von Gott her mehr geben kann. Zwischen der menschlichen Geschichte und dem Heilshandeln Gottes ist wegen der Sünde der Menschen ein endgültiger Bruch eingetreten.

Hierin liegt zweifellos eine starke Korrektur des traditionellen heilsgeschichtlichen Denkens in Israel. Denn Gottes Heilshandeln in der Geschichte wird jetzt reduziert auf sein endgültiges, das Ende dieser unheilvollen Geschichte in unmittelbarer Zukunft herbeiführende Eingreifen; er vollbringt dies mit Hilfe von kosmischen Naturkatastrophen, durch eine politische Entmachtung der vier »bestialischen« Weltreiche (der Babylonier, der Perser, Alexanders des Großen und der Hellenisten), durch ein universales Endgericht über Israel und die Völker und schließlich durch einen vernichtenden Untergang dieser ganzen Welt, dieses »alten Äons«.

Die als Endzeit eingestufte Gegenwart und nahe Zukunft

ist aber für die Apokalyptik zugleich eine Zeit hochgespannter Erwartung und Hoffnung: Denn es ist auch die Zeit der Wende zum endgültigen Heil für die Gerechten. Alles kommt darauf an, jetzt treu durchzuhalten, den gegenwärtigen Zeitpunkt als letzte Entscheidungszeit zu nutzen und zum rigorosen Gehorsam gegenüber den Geboten Gottes umzukehren. Dann wird man auch an der neuen Heilszeit, dem neuen Äon, dem neuen Himmel und der neuen Erde, die Gott nach dem Untergang der alten Welt schaffen wird, Anteil bekommen.

c) Jesus und die Apokalyptik im Neuen Testament

In diesem damals im Judentum weithin akzeptierten Vorstellungshorizont steht auch Jesus mit seiner Verkündigung vom nahegekommenen Reich Gottes. Dennoch durchbricht Jesus den Vorstellungshorizont und den theologischen Grundansatz der Apokalyptik an einer ganz entscheidenden Stelle: Für ihn ist die gegenwärtige Geschichte Israels und der Völker nicht mehr reine Unheilsgeschichte, sondern bereits neue Geschichte des Heils von Gott her. Nicht erst der Untergang des alten Äons und die neue Schöpfung von Himmel und Erde bringen das Heilsgeschehen der Gottesherrschaft in Gang, sondern mitten in dieser Geschichte schafft sie sich einen Raum ihrer Verwirklichung (vgl. Lk 17,21). Dies erfolgt aber weder durch kleinlich-genauen Gesetzesgehorsam (wie bei den Pharisäern) noch durch kultisch-esoterischen Rückzug in fromme Gemeinschaften (wie bei der Gemeinde von Qumran) noch durch gewaltsame politische Aktionen (wie bei den Zeloten), sondern allein durch bestimmte Zeichenhandlungen Jesu. In ihnen wird Gottes Wille zur Gerechtigkeit und zum Frieden für Israel und die Völker, besonders für die Armen, sichtbar (z.B. in den Krankenheilungen und Dämonenaustreibungen, in der Verkündigung der Frohen Botschaft von Gottes Barmherzigkeit, in den Mahlgemeinschaften mit den Jüngern, den Sündern und den Verachteten, in der vollmächtigen Vergebung der Sünden usw.). Jesu Reich-Gottes-Verkündigung konzentriert sich also nicht auf das Ende dieser Geschichte, sondern auf ihre Verwandlung durch das alles verändernde und befreiende Tun der Liebe Gottes. Auch wenn dieses Tun uns klein und unscheinbar vorkommt (wie ein Senfkorn oder ein Sauerteig), so wird es doch getragen von der unaufhaltsamen Kraft der sich »durchsetzenden« Liebe Gottes.

Dabei wird der apokalyptische Denk- und Vorstellungs-rahmen von Jesus keineswegs fallengelassen. Gerade ange-sichts der Verweigerung Gesamt-Israels gegenüber seiner Botschaft spricht Jesus vom baldigen machtvollen Kommen des Menschensohnes vom Himmel her zum Gericht und zur endgültigen Sammlung der Geretteten (vgl. Mt 24; Mk 13). Der Gegenwart des Reiches Gottes in »Gleichnissen« und Zeichen entspricht zugleich die Hoffnung auf die Voll-gestalt des Reiches Gottes am Ende der Zeiten, die (wie in Dan 7) mit dem »Kommen des Menschensohnes« verbun-den wird. Dieses »Kommen des Menschensohnes« meint dabei immer beides zugleich: Das endgültige Kommen von Gottes unbedingt »menschlicher« Lebensordnung für Israel und die Völker und (in ihrem Zentrum) eine menschliche Einzelgestalt als endgültiger Heilbringer, als maßgeblicher Repräsentant dieses Gerechtigkeits- und Friedenswillens Gottes, eben des vollendeten Reiches Gottes.

Was ist aus dieser Verheißung Jesu geworden? Israel als ganzes hat die Botschaft von dem in Jesus ankommenden Reich Gottes nicht angenommen; aus einem durchaus verständlichen Grund, wie eine kleine jüdische Geschichte illustriert. Sie erzählt von einem Rabbi, dem seine Schüler die Nachricht brachten: »Der Messias ist gekommen!« Der Rabbi stand auf, ging ans Fenster, blickte auf die Straße, kam zurück und setzte sich wieder hin. »Was ist nun? Was sollen wir tun?«, fragten die Schüler. »Nichts sollt ihr tun, weiterlernen sollt ihr«, sagte der Rabbi. »Wie kann der Mes-sias gekommen sein, wenn nichts in der Welt sich verändert hat?«

Viele Juden hatten damals und haben (in bestimmten orthodoxen Kreisen) bis heute eine ganz bestimmte Vorstellung vom Kommen des Menschensohnes und des Messias, daß sich nämlich dann schlagartig die Welt zum Guten wandelt. Dieser Vorstellung ist Jesus mit seiner »ineffektiven« Vorliebe für die Sünder und die kleinen Leute, mit seinem Weg der mittragenden und mitleidenden Liebe »bis zum äußersten« letztlich nicht gerecht geworden. So wurde er von den damaligen Autoritäten dieser Vorstellung geopfert, statt daß die Vorstellung aufgegeben wurde. Die Grunderfahrung der jungen Kirche vom Heilshandeln Gottes in Jesus wies demgegenüber in eine andere Richtung: Sie verhalf zur glaubenden Einsicht, daß die Hoffnung auf Gottes Heil, auf das Kommen seines Reiches nicht unaufgebbar an bestimmten Vorstellungen und Bildern hängt, die wir uns davon machen. Gott ist der »Deus semper maior« (Augustinus), der immer Größere, der all unsere Vorstellungen von ihm und seinem Heil »durch-kreuzt« und überbietet.

So konnte die junge christliche Gemeinde nach Ostern mit glaubender Gewißheit verkünden: Im auferstandenen Jesus ist die (im 7. Kapitel des Buches Daniel angekündigte und von Jesus auf sich selbst bezogene) Gestalt des »Menschensohnes« bereits vom Himmel her (d.h. aus dem Lebens- und Machtbereich Gottes) »wiedergekommen«; wenn auch erst im »Vorschein« seiner österlichen Erscheinungen. In ihnen hat er die endzeitliche Wende zum Reich Gottes endgültig eingeleitet; zwar ganz anders als erwartet, aber doch ganz real. Damit haben die ersten Christen keineswegs die Hoffnung auf das vollendete Kommen des Reiches Gottes und des richtend-rettenden Menschensohnes aufgegeben; sie hofften weiterhin auf sein alles erneuerndes und heilendes Erscheinen am »Ende« der Zeit, wann auch immer es von Gott her eintreten wird (vgl. Mk 13,32: »Doch jenen Tag und jene Stunde kennt niemand, auch nicht die Engel im Himmel, nicht einmal der Sohn, sondern nur der Vater«).

d) Die Gegenwart des kommenden Christus im Heiligen Geist und in der Kirche

Bei dieser Endzeiterwartung war sich die Urkirche jedoch voll bewußt: Der kommende Christus ist auch jetzt keineswegs abwesend! Nein, er lebt »mitten unter uns«. In der Geistsendung an Pfingsten hat Gott das Gebet der Frommen des Alten Bundes bereits erhört: »Sendest du deinen Geist aus, so werden sie alle geschaffen, und du erneuerst das Antlitz der Erde« (Ps 104,30). Wo Menschen sich diesem Geist öffnen, wo sie in seiner Kraft Jesus nachfolgen und dessen Botschaft zum Maßstab ihres Handelns machen, da ist Gottes menschliche Lebensordnung bereits »im Kommen«; da wirkt der Menschensohn Jesus bereits verborgen auf unserer Erde; da scheiden sich auch die Geister für oder gegen ihn; da vollzieht sich auch schon das Gericht des Menschensohnes – zum ewigen Leben oder zum ewigen Tod (vgl. Joh 5,24; 11,25ff.).

Der Ort, wo sich dies alles als sichtbare gesellschaftliche Realität ereignet, ist – von ihrer Berufung her – die Kirche, das von Jesus gesammelte und erneuerte Volk Gottes. Hier versuchen Menschen, nicht unmenschlich-gewalttätig (wie die Raubtier-Reiche bei Dan 7!) miteinander umzugehen, sondern im Geist des Vertrauens, der Hoffnung, der Liebe. Darum kommt gerade in der Eucharistiefeier der Kirche und in allen mit ihr verbundenen Zeichen des Heils der auferstandene Herr stets von neuem »wieder«, um »das Angesicht der Erde zu erneuern«. Auf diese sakramentale Weise verwandelt der »wiederkommende Herr« bereits jetzt unaufhörlich unsere Erde, nicht erst infolge eines dramatischen »Weltuntergangs« in naher oder ferner Zukunft. Im christlichen Verständnis wird dementsprechend die ganze apokalyptische Erwartung untrennbar verbunden mit der Geschichte des Lebens und Sterbens Jesu, mit seiner Auferstehung und der Gegenwart seines Heiligen Geistes in der Kirche. Ja, wir können sogar sagen: In seinem Tod und in seiner Auferstehung sind die apokalyptischen Endereignisse

»im Kern« bereits vorweggenommen und erfüllt worden. Was heißt das?

2. Die bereits eingetretene Apokalyptik: Tod und Auferstehung Jesu

Zur Erklärung dieser Überschrift möchte ich kurz ein Bild des christlichen Malers Roland Peter Litzenburger beschreiben, das seit langem in meinem Arbeitszimmer hängt; es ist ein farbiges Tuscheaquarell aus dem Jahr 1980 mit dem Titel: »Das Verglühen des geborenen Lebens im 20. Jahrhundert.«[65] Es stellt Christus in der bei Litzenburger typischen Haltung dar, und zwar ineins den Gekreuzigten und den Wiederkommenden. Der Gekreuzigte beugt sich vornüber; seine überlangen Arme lösen sich vom Kreuz, als ob sie die Welt ergreifen und umarmen möchten. So kommt Christus »von oben«, vom Kreuz her schützend und rettend auf die Welt zu. Sein Leib ist dabei in den verschiedenen Farbtönen eines glühenden Rot gemalt. Denn Litzenburger will mit diesem Bild zugleich auch das vom Menschen möglicherweise verschuldete »Verglühen des Lebens« auf dieser Erde darstellen – in seiner vielfältigen Form: Von der Abtreibung bis zur atomaren Verwüstung unserer Erde.

Der gekreuzigte und in dieser Haltung wiederkommende Christus läßt darum auch umrißhaft die Form eines riesigen Atompilzes erahnen, in dem die Welt verglüht. Aber gerade in diesem Verglühen verschmilzt sie mit der Gestalt des vor Liebe und Leben »glühenden« Christus: Er nimmt die sich selbst zerstörende Welt in sich, in seinen gekreuzigten und zum neuen, unzerstörbaren Leben auferweckten Leib hinein, und so rettet er sie. »Geheimnis des Glaubens: Im Tod ist das Leben« (L. Zenetti).

In diesem Bild ist auf künstlerisch-anschauliche Weise genau der Kern der christlichen Apokalyptik getroffen. Einerseits greift es traditionelle Grundgedanken der jüdischen Apokalyptik auf: nämlich den Untergang der Welt und die

Hoffnung auf Rettung der Gerechten. Anderseits verbindet es diese Vorstellungen mit der Gestalt des gekreuzigten und wiederkommenden Christus: Denn Christus hat in seinem Tod am Kreuz den Untergang des »alten Äon«, also der von Sünde und Tod hoffnungslos beherrschten »Weltzeit« bereits herbeigeführt (2 Kor 4,4; Gal 1,4; Eph 2,1–10).

Wieso? Nun, in seiner vertrauenden Hingabe, mit der Jesus in der schrecklichen Finsternis des Kreuzestodes und in seiner Verlassenheit von Gott und den Menschen dennoch sein Leben ganz dem Vater zurückgeschenkt hat, da ist die alte Macht des sündigen Selbstbehauptungswillens des Menschen, die ihn von der Freundschaft mit Gott und seinem unzerstörbaren Leben trennte, »im Prinzip« gebrochen worden. Da hat sie ihre zwingende Übermacht über die Menschen verloren. Denn jetzt ist allen Menschen von Gott her ein Weg eröffnet worden, wie sie mit Jesus, konkret: in der Teilgabe an seinem Vertrauen und seiner Liebe die Feindschaft zu Gott überwinden und so zu einem »Leben in Fülle« gelangen können. Das wird in der Auferweckung Jesu sichtbar: Hier ist das Leben der »neuen Schöpfung«, die Herrschaft der rettenden Liebe Gottes bereits mitten in unserer Welt unwiderruflich angebrochen (vgl. 2 Kor 5,17). Daraus folgt: Wir brauchen nicht mehr auf ein (zeitliches) Ende der Welt zu warten, um ihren »Untergang« und den »Aufgang« der neuen Welt Gottes zu erleben. Das ist bereits im wesentlichen geschehen! So sagt Jesus ausdrücklich im Johannesevangelium (Joh 12,31f.): »Jetzt (= in der Stunde des nahen Todes) wird Gericht gehalten über diese Welt; jetzt wird der Herrscher dieser Welt hinausgeworfen werden. Und ich, wenn ich über die Erde erhöht bin, werde alle an mich ziehen (d.h. die ganze Welt retten).«

Genau darin liegt die spezifisch christliche Deutung der apokalyptischen Bilder und Visionen, durch die wir uns deutlich von einer jüdischen Sichtweise unterscheiden: Für die Christen steht die Apokalyptik (mit Weltuntergang und neuer Welt) nicht mehr primär am Ende der Zeit, sondern in der Mitte der Zeit. Denn das für den Glauben Entscheidende am »Untergang« unserer jetzigen Welt ist ja nicht das Einstürzen unseres Planetensystems oder eine ähnliche kosmische Katastrophe, sondern die grundsätzliche Entmachtung der in unserer irdisch-menschlichen Lebenswelt so bestimmenden Mächte des Bösen und des Todes. Diese Entmachtung aber und damit auch der Aufgang der neuen Schöpfung hat bereits in Tod und Auferstehung Jesu stattgefunden.

Dies kommt uns durchaus auch spürbar zugute, wenn wir uns vertrauend auf den Weg Jesu in Leben und Sterben einlassen: Wir brauchen vor nichts auf der Welt mehr eine »heil-lose« Angst zu haben, weder vor der Macht des Bösen noch vor dem persönlichen Tod (und seinen vielen Vorboten), aber auch nicht vor einer künftigen apokalyptischen Katastrophe, die zum Untergang unserer ganzen erfahrbaren Lebenswelt führen kann (vgl. Röm 8,31–39). Eine solche Angst wird uns zwar immer wieder befallen, gerade angesichts äußerster Bedrohungen; sie wird auch durch das Vertrauen auf das, was in Jesus bereits von Gott her für uns geschehen ist, keineswegs einfach verscheucht. Aber da, wo wir unsere Angst vor dem möglichen Untergehen-Können in die Ölbergangst Jesu hineinbergen, bekommen wir auch teil an seiner »begnadeten Angst« (G. Bernanos), das heißt an seinem tiefen, von Gott selbst mitten in die Angst hineingesenkten Vertrauen auf die rettende Nähe des Vaters (vgl. Lk 22,41ff.). Dadurch wird auch unsere Angst »entmachtet« (P. Knauer), ihrer tödlich-lähmenden Kraft, ihrer Heil-losigkeit beraubt und aufgebrochen für das Licht des Ostermorgen, das von Jesus her auch unsere »Angst und Pein bescheint« (J. Klepper).

Dennoch sind damit noch keineswegs alle Fragen zur Apokalyptik beantwortet. Wie steht es z.B. bei dieser Deutung mit der Erwartung der Wiederkunft Jesu »in Herrlichkeit«? Was hat es mit dem Gericht am »Jüngsten (= letzten) Tag«, mit der Auferweckung der Toten, mit Himmel, Fegfeuer und Hölle auf sich? Wir werden in den folgenden

Abschnitten darauf näher eingehen. Entscheidend wird dabei aber sein, daß wir den »Verstehensschlüssel«, den wir von Christus her für das »Ende der Zeit« gefunden haben, auf keinen Fall mehr verlieren. Das heißt: Alle Aussagen über die endgültige Zukunft der »kommenden Welt« können christlich nur dann richtig verstanden werden, wenn sie in unlösbarem Zusammenhang mit dem Leben, Sterben und Auferstehen Jesu gesehen werden. Denn alles, was wir von der »letzten« Zukunft erhoffen, hat darin seinen Anhalt und seinen Maßstab: Es bringt das, was in Jesus Christus bereits geschehen ist, zur Vollendung, insofern die ganze Schöpfung endgültig von der Macht des Bösen und des Todes befreit werden wird. Darum ist die Apokalyptik – christlich gesehen – nichts anderes als die Ausweitung von Kreuz und Auferstehung Jesu in die universale Weite der ganzen Schöpfung hinein. »Geheimnis des Glaubens: Im Tod ist das Leben« – das soll einmal für alle Geschöpfe gelten! Dies herbeizuführen und endgültig in Kraft zu setzen, das erwarten wir von der »Wiederkunft des Herrn in Herrlichkeit«. Was aber ist darunter zu verstehen?

II. Die Wiederkunft Jesu am »Jüngsten Tag«

Das im Deutschen gebräuchliche Wort »Wiederkunft« klingt mißverständlich; legt es doch die Assoziation nahe, als ob Jesus sich in der Himmelfahrt von dieser Erde erst einmal verabschiedet habe und einst, am Ende der Zeit, auf die Erde wieder zurückkommen werde. Die liturgischen Texte der Kirche sprechen darum lieber vom »Kommen in Herrlichkeit«. Das aus dem Lateinischen stammende Wort »Advent« (Ankunft des Herrn) und ebenso das aus dem Griechischen übernommene Wort »Parusie« (Aufscheinen der Herrlichkeit des Herrn) drücken den gemeinten Sachverhalt besser aus als das Wort »Wiederkunft«. Aber es hat sich nun einmal bei uns eingebürgert, und wir wollen versuchen, seinen Sinn ein wenig zu verdeutlichen.

1. Das »Kommen Gottes«

In der Hoffnung auf die Wiederkunft Jesu am Ende der Zeit spricht sich zunächst ein wichtiger Grundzug des christlichen Gottesbildes aus: Gott ist so bei uns, daß er zugleich auch der »Kommende« ist, der in Jesus »kommen« wird.[66] Das »Kommen« gehört zur Selbstdefinition des jüdisch-christlichen Gottes, sowohl im Alten wie im Neuen Testament. Ganz markant heißt es z.B. am Anfang der Offenbarung des Johannes: »Gott spricht: Ich bin das Alpha und das Omega, der ist, der war und der kommt« (1,8). – Nicht, wie zu erwarten wäre: »der sein wird«! So hieß es etwa im Orakel des Pausanias über Zeus: »Zeus war, Zeus ist, Zeus wird sein!« Im deutlichen Kontrast zur griechischen Vorstellung des Göttlichen ist Gott in der jüdisch-christlichen Tradition eine Macht, die nicht bloß immer schon da war, immer da ist und immer da sein wird, ewig in sich ruhend und erhaben über der Welt thronend. Nein, er wird erfahren als eine mächtige Wirklichkeit, die noch »im Kommen« ist; die darum nicht festzuhalten und zu besitzen ist wie ein gesicherter Schatz, auf dem man sich ausruhen kann. Sie ist da und kommt doch zugleich immer noch – stets neu und unverbraucht – auf uns zu; sie hat also selbst – zusammen mit der Schöpfung – noch eine Zukunft, »Reich Gottes« genannt; und darum kann sie auch uns eine überraschende, unausschöpfbare Zukunft eröffnen. Es ist die Macht, die Schöpfung von innen her immer wieder zu erneuern, das Gebrochene zu heilen, das Gestorbene zu neuem Leben zu erwecken, das Ermüdete und Erstarrte wieder in Bewegung zu bringen. Darum ruft eines der ältesten Gebete der Christenheit voller Sehnsucht zu diesem Gott und seinem Christus: »Maranatha«, »Komm, o Herr! Komm und erneuere die Welt, die Kirche, uns selbst!« (1 Kor 16,22; Offb 22,20).

In seinem Heiligen Geist erhört Gott dieses Rufen der Gläubigen; in ihm kommt die erneuernde, zukunftseröffnende Macht der Liebe Gottes immer von neuem zur Welt. Aber es gibt in diesem Kommen Gottes zur Welt auch ein letztes Ziel: eben wenn Christus, das »Ebenbild des unsichtbaren Gottes« (Kol 1,15), am Ende der Zeit »in Herrlichkeit« kommt und die Welt endgültig vollendet. Dieses Ereignis nennen wir im eigentlichen Sinn »Parusie« oder »Wiederkunft« des Herrn. Was ist damit gemeint?

2. Kommen »in Herrlichkeit«

Zunächst soll es um das Kommen »in Herrlichkeit« gehen. Was bedeutet hier »Herrlichkeit«? Es gibt eine sehr schöne Erzählung aus der Lebensbeschreibung des hl. Martin von Tours, die sein Biograph Sulpicius Severus etwa im Jahr 400 verfaßt hat. Sie erzählt von einer Vision des hl. Martin, aber einer anderen als der bekannten in der Nacht nach der Mantelteilung (im tiefsten sind sie sich aber doch sehr ähnlich):

Ich darf nicht übergehen, auf welch schlaue Weise der Teufel damals Martinus versuchte. Eines Tages stand er vor ihm in der Zelle, während er betete. Purpurlicht strahlte er vor sich her und war auch selbst ganz davon umflossen; mit diesem erborgten Lichtglanze hoffte er, um so leichter täuschen zu können. Ein Königsmantel umwallte ihn, er trug ein edelsteinfunkelndes, goldenes Diadem auf dem Haupte, seine Schuhe waren golddurchwirkt; gewinnend war seine Miene, freundlich sein Antlitz, so daß man eher alles andere als den Teufel in ihm vermuten mußte. Auf den ersten Anblick war Martinus höchlichst überrascht; beide schwiegen geraume Zeit. Dann begann der Teufel zuerst: »Erkenne, wen du vor dir erblickst. Ich bin Christus. Da ich im Begriff bin, auf die Erde herniederzusteigen, wollte ich mich dir zuerst offenbaren.« Martinus schwieg und antwortete mit keiner Silbe darauf. Da hatte der Teufel die Frechheit, sein frevelhaftes Bekenntnis zu wiederholen: »Martinus, warum zweifelst du? Glaube doch, da deine Augen es ja schauen! Ich bin Christus.« Jetzt ward es Martinus durch eine Geistesoffenbarung kund, der Teufel stehe vor ihm, nicht Gott. Daher sprach er: »Jesus, unser Herr, hat nicht gesagt, daß er im Purpur und im Glanz einer Krone wiederkommen werde. Ich kann nicht glauben, daß Christus anders gekommen wäre als in jener Haltung und äußeren Gestalt, so wie er gelitten, als mit den Wundmalen des Kreuzes.« Bei diesen Worten verschwand der Teufel plötzlich wie Rauch und erfüllte die Zelle mit üblem Geruch. Auf diese Weise hinterließ er das untrügliche Anzeichen dafür, daß er wirklich der Teufel gewesen.[67]

»Kommen in Herrlichkeit«: Nein, der Herr kommt nicht in solcher Herrlichkeit, wie wir sie uns menschlich oft ausmalen: Weder im Glanz einer Krone, noch – wie es heute viele apokalyptische Sekten verkünden – mit großen himmlischen Heerscharen (im wortwörtlichen Sinn!), mit denen er in die endgültige Schlacht gegen die Feinde Gottes zieht und sie alle in einem blutigen Sieg niedermacht. Eine schreckliche Vorstellung – so als ob die erste Ankunft Jesu in der Krippe von Bethlehem gescheitert sei und Christus am Ende der Zeit mit Gewalt, mit Feuer und Schwert das nachholen müßte, was er in der Zeit mit Liebe nicht geschafft habe. Nein! Hinter allen Bildern und Vorstellungen der Bibel, die das Kommen des Herrn in den damals üblichen, in der Tat oft sehr furchterregenden, aus der jüdischen Apokalyptik der letzten vorchristlichen Jahrhunderte stammenden Symbolen veranschaulichen, hinter all dem steht im Neuen Testament eindeutig die bleibend gültige Kernaussage: Der kommende Herr ist derselbe Jesus Christus wie bei seiner ersten Ankunft! Christus wird so erscheinen, wie wir ihn von seinem ersten Kommen her kennen: im demütigen, alle retten-wollenden Glanz der Güte und Gerechtigkeit Gottes. Der endzeitliche Herr und Richter über die Geschichte ist kein anderer als der Menschensohn, also das menschliche und menschenfreundliche Antlitz Gottes, das nicht Angst und Schrecken verbreiten will (auch nicht bei den Ungläubigen oder Andersgläubigen!), das vielmehr Zuversicht und Hoffnung wecken will, um so alle Menschen zur Einsicht, zur Erkenntnis der Wahrheit über unsere Welt, schließlich zur Umkehr zu bewegen und sie so – wenn sie dazu bereit sind – in sein Reich« aufzunehmen. Die endzeitliche »Parusie« des Herrn wiederholt nicht die Menschwerdung Christi, sie überbietet sie auch nicht an Glanz und Gloria, sondern sie vollendet sie. D.h. wir hoffen, daß am Ende der Zeit allen Geschöpfen aller Zeiten und Räume (auch der dann längst vergangenen Jahrmillionen) das offenbar wird, was in der Zeit nur im Glauben erkannt werden kann: daß Jesus Christus, die menschliche Gestalt der Liebe Gottes, Sinn, Ziel und Maßstab der ganzen Schöpfung ist, in dem alles sein Heil und seine Versöhnung finden kann. Wenn er sich so in seiner tiefsten Wahrheit ganz unverborgen allen Menschen offenbart, können endlich auch alle ungelösten und quälenden

Fragen nach dem »Warum« und »Wozu« ihre Antwort finden. Das ist der eigentliche Sinn unserer Hoffnung auf das Kommen des Herrn »in Herrlichkeit«.

3. Kein Ereignis in Raum und Zeit

In diesem Abschnitt möchte ich auf die schwierige Frage eingehen: Wie kann das geschehen? Wie kann Jesus Christus allen Geschöpfen zugleich am Ende der Tage als Sinn und Ziel der Geschichte offenbar werden? Kann das hier auf unserer Erde geschehen? Wird Christus dann vielleicht leibhaftig sichtbar auf einer Wolke des Himmels auf diese Erde herabkommen und sich so allen zu diesem Zeitpunkt lebenden Menschen offenbaren? Nun, diese im Alten und Neuen Testament gebräuchliche Vorstellung stammt aus dem antiken Weltbild, wo der Raum des Göttlichen geographisch lokalisiert war: nämlich in den himmlischen Sphären oberhalb der Erde. Wenn Gott sich also auf der Erde offenbaren wollte, mußten er oder seine Gesandten vom Himmel her auf die Erde herabsteigen (darum werden die Engel, die Boten Gottes, auch mit Flügeln vorgestellt). Von daher ist es klar, daß diese Vorstellung der Wiederkunft Jesu ganz eng mit dem antiken Weltbild verknüpft ist. Aber genausowenig, wie dieses Weltbild für uns heute noch gültig ist, sowenig müssen wir auch an dieser bildhaften Vorstellung der Wiederkunft des Herrn festhalten. Wir können fest und gewiß an die Parusie des Herrn glauben, ohne sie unbedingt mit dieser Vorstellung verknüpfen zu müssen. Wer es dennoch möchte, soll es ruhig tun; es sei jedem unbenommen; aber er soll sie nicht allen anderen, gleichsam als Zeichen »wahrer Gläubigkeit«, aufzwingen.

Warum ist diese Vorstellung vom Kommen des Herrn nicht unbedingt notwendig für den Glauben? Nun, mit der Wiederkunft Jesu verhält es sich ganz ähnlich wie mit der Schöpfung: Sie ist wie die Schöpfung ein einzigartiges Geschehen – eben jenseits von Raum und Zeit. Beides, Schöpfung und Wiederkunft, können wir nicht mit unseren normalen irdischen Sinnen, die ja an Raum und Zeit gebunden sind, wahrnehmen oder mit Hilfe besonderer geschichtlicher Erkenntnisse datieren, also auf ein bestimmtes Datum unserer Zeitlinie eintragen. Warum nicht? Nun, Schöpfung besagt, daß der Ursprung der ganzen Welt, also auch der Ursprung von Raum und Zeit im ewigen, unsichtbaren Willen Gottes liegt – vor aller Zeit. Die Welt ist mit der Zeit von Gott geschaffen worden, nicht in der Zeit. Das ist der Gegenstand unseres Schöpfungsglaubens. Etwas ganz anderes ist dagegen der mögliche Anfang der Welt, des Raumes und der Zeit, dem wir uns durchaus mit naturwissenschaftlichen Hypothesen und Erkenntnissen nähern können (z.B. mit der Hypothese vom »Urknall«). Wie jedoch die Welt samt Raum und Zeit aus dem Schöpfungswillen Gottes »entsprungen« und entstanden ist, wie es überhaupt zum Anfang von Raum und Zeit gekommen ist, darüber können wir nur in vielen Bildern und Symbolen des religiösen Glaubens sprechen (wie es die Bibel ja auch in ihren Schöpfungserzählungen im Buch Genesis tut), aber nicht in eindeutigen historischen oder naturwissenschaftlichen Begriffen. Um es ganz deutlich zu sagen: Man kann im (hypothetisch angenommenen) »Urknall« des Anfangs der Welt nicht Gott als Ursprung und Schöpfer der Welt mit naturwissenschaftlichen oder sonstigen Methoden erschließen.

Genauso steht es mit dem anderen Pol von Raum und Zeit, mit der Wiederkunft Christi: Durch sie wird die Welt nicht in Raum und Zeit, sondern mit Raum und Zeit vollendet, also in das ewige Leben Gottes hinein bewahrend und verwandelnd »aufgehoben«. Diese Vollendung der Welt ist darum etwas anderes als ihr mögliches Ende; das Ende unserer Erde kann durch kosmische Katastrophen oder durch menschliche Schuld (was wir mit allen Kräften verhindern müssen!) herbeigeführt werden. Aber dieses Ende ist nicht identisch mit der Vollendung der Welt, genausowenig wie Anfang und Ursprung der Welt! Ein mögliches Ende unserer Lebenswelt könnten die zu diesem Zeitpunkt auf der Erde eventuell noch lebenden Menschen durchaus mit ihren Sinnen wahrnehmen, aber nicht die Vollendung der ganzen Schöpfung in Gott. Anfang und Ende unserer Welt sind die wahrnehmbare Außenseite der ganzen Geschichte der Schöpfung; ihr Ursprung und ihre Vollendung bei Gott dagegen die unseren irdischen Sinnen verborgene, nur dem Glauben zugängliche Innenseite.

Darum können wir die Wiederkunft des Herrn, die ja mit der Vollendung der Schöpfung identisch ist, auch nur mit völlig verwandelten, eben vollendeten Augen wahrnehmen. Das heißt: mit Augen, die durch den Tod hindurchgegangen sind und die so in Gottes Licht das endgültig erneuernde, vollendende Kommen Christi zur Welt wahrnehmen können. Anders nicht. Wer dennoch erwartet, es mit diesen Augen hier auf unserer Erde, an einem bestimmten Datum unserer Zeit oder an einem bestimmten Ort wahrnehmen zu können (wie es in den meisten apokalyptischen Sekten und Gruppen üblich ist), wird darum unvermeidlich und immer von neuem enttäuscht. Er wartet eben auf etwas, was so sinnlich-unmittelbar nicht erlebt werden kann.

Hier könnte nun jemand einwenden: Die Bibel spricht doch nicht nur von Ursprung und Vollendung der Welt, sondern auch ausdrücklich von ihrem Anfang (Gen 1,1) und ihrem Ende (Mk 13,4.24f.29ff.)! Also sind doch auch diese äußeren, zeitlichen Bestimmungen für das glaubende Verständnis von Schöpfung und Wiederkunft Jesu nicht unwichtig.

Durchaus. Sie gehören zweifellos zum christlichen Glauben an Schöpfung und Vollendung der Welt hinzu; allerdings unter einer ganz bestimmten Perspektive: Wenn die Bibel vom zeitlichen Anfang und Ende der Welt spricht, dann tut sie das nicht aus einem historischen oder naturwissenschaftlichen Erkenntnisinteresse heraus (also um uns mitzuteilen, wann und wie die Welt entstanden ist oder wieder vergeht), sondern eindeutig in religiöser Absicht. Das bedeutet: Für den biblischen Glauben ist der schöpferische Ursprung der Welt im ewigen Willen Gottes zugleich der

Beginn einer Geschichte des Heils zwischen Gott und Mensch hier in dieser Welt. Diese Heilsgeschichte der Welt hat von Gott her immer schon ein Ziel: die Vollendung der Schöpfung im Reich Gottes bzw. im Auferstehungsleben Jesu Christi. Gott schafft die Welt zum Segen und Heil des Menschen und aller anderen Geschöpfe: Das ist der Grund und das Ziel der Schöpfung; das gibt ihr einen unzerstörbaren Sinn; das bestimmt ihren Anfang und ihr Ende, also ihr ganzes Dasein. Um diese gläubig-religiöse Sinngebung der Welt geht es der Bibel, wenn sie von der Schöpfung »am Anfang« und von der Wiederkunft Jesu »am Ende« spricht, um nichts anderes. Natürlich ist für die biblische Vorstellung darin auch in irgendeiner Weise ein zeitlicher Anfang und ein zeitliches Ende der Welt miteingeschlossen; aber darauf kommt es dem Glauben nicht primär an. Deshalb kann und will er auch keine Auskunft darüber geben, wann und wie sich Anfang und Ende der Welt konkret ereignen; das kann er getrost anderen menschlichen Erkenntnisbemühungen (z.B. der naturwissenschaftlichen Kosmologie) überlassen.

1. Der Tod als Ort der persönlichen Begegnung mit dem kommenden Herrn

Im vorigen Abschnitt ist im Zusammenhang mit der Wiederkunft Jesu das Stichwort »Tod« gefallen. In der Tat, der Tod spielt für dieses Geschehen eine wichtige Rolle. Denn der Tod eines Menschen kann als das Ereignis der Wiederkunft des Herrn für jeden persönlich verstanden werden.[68] Im Sinn vieler Vertreter der neueren katholischen Theologie muß die vollendende Wiederkunft Jesu nicht als ein einmaliges Ereignis gedacht werden, das sich im Rahmen eines kosmischen Geschehens am Ende der allgemeinen Weltgeschichte vollzieht. Auch im Tod, der für jeden Menschen das Ende seiner persönlichen Lebenszeit bedeutet, in dem also seine persönliche Welt (oft unter großen Schmerzen und Qualen) »untergeht«, geschieht bereits »Wiederkunft« des Herrn. Denn wir hoffen, daß jeder Mensch mit seinem ganzen gelebten Leben und seiner ganz persönlichen Geschichte auf der »Innenseite« des Todes von Gott aufgehoben und vollendet wird. Darum können wir sagen, daß zu jedem Menschen, der stirbt, Christus in diesem Augenblick »wiederkommt«. Karl Rahner hat die schöne Formulierung geprägt: Jesus Christus kommt wieder, »insofern alle bei ihm ankommen«.[69] Wenn einmal wirklich alle Menschen ihren Tod gestorben und so bei Christus angekommen sind, ist er wirklich zu allen »wiedergekommen«; dann ist für die menschliche Geschichte der »Jüngste Tag« erreicht. Von daher können wir uns also die vollendende Wiederkunft Jesu durchaus als einen langen »Prozeß« vorstellen, der sich durch die Tode der vielen einzelnen Menschen hindurch vollzieht und der im Tod der letzten Menschen, also mit dem Ende der menschlichen Geschichte, seinen Abschluß findet.[70]

Dieses Bild vom Prozeß der Wiederkunft des Herrn und damit der Vollendung unserer Geschichte »entlang« der Tode der einzelnen Menschen darf nicht so mißverstanden werden, als ob dadurch die universale Vollendung der Geschichte bloß eine riesige Addition der vielen einzelnen, persönlichen End-Begegnungen mit Christus bedeute. Nein, die Begegnung der einzelnen Menschen mit dem wiederkommenden Christus in ihrem Tod betrifft zwar unmittelbar und unvertretbar diesen Menschen ganz persönlich, aber keineswegs als ein isoliertes Individuum! Denn in dieser Begegnung werden die einzelnen zugleich in den ihnen vorgegebenen, gemeinsamen »Lebensraum« des Heils hineingenommen, nämlich in den »Leib Christi«, des Auferstandenen. Dieser »Leib des Auferstandenen« ist der »Ort«, besser: das verbindende »Medium« aller in die Vollendung eingehenden Menschen. Was hier auf Erden vom »Leib Christi« in der Eucharistie und in der Kirche als ganzer gilt, kommt bei der Wiederkunft des Herrn zur Vollendung:

Wir finden unser Heil bei Gott nur so, daß wir immer zugleich auch »eingegliedert« werden in die große »Gemeinschaft der Heiligen«. Sie umschließt alle Gerechten dieser Welt, vom »gerechten Abel« an (vgl. die Idee der »Ecclesia ab Abel« bei Augustinus!); im Tod bringen sie die »Frucht« ihres Lebens mit zu Christus und bilden so den gemeinschaftlichen Leib des auferstandenen Herrn. Das ist offensichtlich etwas völlig anderes als bloß die »Summe« aller Geretteten! Es ist die vom Geist Gottes zum endgültig gelingenden Miteinander zusammengefügte Einheit jener Menschen, die alle – in ihrem Leben und Sterben – auf irgendeine Weise (besonders in der Eucharistie) die Liebe Christi angenommen haben und darum in ihrem Tod an seinem lebendigen »Leib« der Auferstehung teilbekommen.

Wann dieser »Prozeß« sich für alle vollenden wird, wann und wie also das Ende der universalen Geschichte der Menschen sich konkret ereignen wird, das wissen wir nicht. Das brauchen wir auch nicht zu wissen. Wir sollen wachsam sein; das ist das einzige, was uns die Hl. Schrift empfiehlt: Wachsam dem persönlichen und dem universalen Kommen des Herrn gegenüber. Diese Wachsamkeit hat nichts zu tun mit einem krampfhaft-fixierten Starren auf mögliche Vorzeichen eines Endes der Welt; das gibt vom Glauben her keinen Sinn und führt nur in die Irre. Darum warnt die Bibel auch sehr eindringlich davor, weil es die Menschen ablenkt von dem vertrauenden Blick für das jetzt Notwendige an Liebe und Einsatz für unsere Erde (z.B. Mk 13,5f.21–23.32.37).

Ich möchte diese Überlegungen schließen mit einem Text der Schweizer Benediktinerin Silja Walter. Im Geist der Urkirche und ihres sehnsuchtsvoll wartenden »Maranatha« (»Komm, o Herr!«) hat sie ein Gebet zum kommenden Herrn formuliert, das sich zwar vornehmlich auf das nächtliche Chorgebet der Mönche und Schwestern bezieht, das aber durchaus auch ein »zeitgemäßes« Gebet für alle Glaubenden sein kann: eben insofern unser Glaube sich als ein stellvertretender »Hoffnungsdienst« für die Menschen

unserer oft so erwartungslosen Zeit versteht. Einige Auszüge
aus diesem Gebet:[71]

Jemand muß zu Hause sein, Herr, wenn du kommst.
Jemand muß dich erwarten,
unten am Fluß vor der Stadt.
Jemand muß nach dir Ausschau halten
Tag und Nacht.

Wer weiß denn, wann du kommst?
Herr, jemand muß dich kommen sehen
durch die Gitter seines Hauses,
durch die Gitter –
durch die Gitter deiner Worte, deiner Werke,
durch die Gitter der Geschichte,
durch die Gitter des Geschehens
immer jetzt und heute in der Welt.

Jemand muß wachen unten an der Brücke,
um deine Ankunft zu melden, Herr,
du kommst ja doch in der Nacht wie ein Dieb.
Wachen ist unser Dienst. Wachen.
Auch für die Welt.
Sie ist oft so leichtsinnig,
läuft draußen herum,
und nachts ist sie auch nicht zu Hause.
Denkt sie daran, daß du kommst?

Daß du ihr Herr bist und sicher kommst?

Herr,
und jemand muß dich aushalten,
dich ertragen, ohne davonzulaufen.
Deine Abwesenheit aushalten,
ohne an deinem Kommen zu zweifeln.
Dein Schweigen aushalten
und trotzdem singen.

Dein Leiden, deinen Tod mitaushalten
und daraus leben.
Das muß immer jemand tun mit allen andern
und für sie ...

III. Das »Unzerstörbare« im Menschen: Was überdauert den Tod?

Einführung: Ein »göttlicher Funke« in uns?

Wir haben bisher ganz unbefangen davon gesprochen, daß jeder Mensch in seinem Tod dem wiederkommenden Christus und darin Gott begegnen wird, daß er dabei in den Leib Christi aufgenommen und so vollendet wird. Aber das ist ja alles andere als selbst-verständlich, auch für einen glaubenden Menschen! Denn es stellt sich doch unweigerlich die Frage: Wer oder was kann denn im Tod und danach Gott überhaupt noch »begegnen«, wenn im Tod das irdische Leben des Menschen ein für allemal zu Ende geht, wenn der Tod als Abbruch seiner irdischen Lebensgeschichte und als »Untergang« seiner ganzen bisherigen Lebenswelt verstanden wird? Was bleibt denn von dem gestorbenen und im Tod körperlich verwesenden Menschen als mögliches »Subjekt« der Begegnung mit Gott und damit auch seiner Vollendung übrig? Was gewährleistet die Identität und die Kontinuität zwischen dem irdischen und dem vollendeten Leben des Menschen?

Die traditionelle Auskunft der christlichen Glaubensüberlieferung auf diese Fragen lautet: Es ist die »unsterbliche Seele« des Menschen, die den Tod überwindet. Denn diese Seele trennt sich im Tod vom Leib. Während der Leib dann der Verwesung anheimfällt, geht die Seele, nach einem persönlichen Gericht, das Gott an ihr vollzieht, in die Ewigkeit ein: entweder – nach angemessener »Läuterung« – in die ewige Seligkeit bei Gott (Himmel) oder in die ewige Gottferne (Hölle). Was damit im einzelnen gemeint sein mag, werden wir in den folgenden Kapiteln noch sehen. Jetzt beschränken wir uns erst einmal auf die beiden Fragen:

Was verstehen wir im christlichen Glauben unter der »Seele« des Menschen, und warum ist sie »unsterblich«?

In der Auseinandersetzung mit der Wiedergeburtslehre habe ich schon darauf hingewiesen, daß dort mit Seele etwas ganz anderes gemeint ist als im christlichen Glauben, auch wenn viele heute denken, es sei im Grunde dasselbe. Keineswegs! Denn im Christentum gilt die Seele des Menschen nicht als etwas »Göttliches«, als ein ewiger »göttlicher Funke« in uns oder als ein Teil des »göttlichen Geistes«, der sich bei der Zeugung und Empfängnis eines menschlichen Lebewesens mit der materiellen Hülle des menschlichen Leibes umgibt; nach dem Tod kann er diese Hülle dann wieder verlassen und zum göttlich-kosmischen Gesamt-Geist zurückkehren. Das ist gut neuplatonisch und gnostisch, aber keineswegs christlich! Denn für das christliche Menschenbild ist auch die Seele eine ganz und gar menschliche Wirklichkeit, von Gott geschaffen, darum von ihm verschieden und – wie alles Geschaffene – auch endlich.

Aber wie kann sie dann noch »unsterblich« sein? Sicher nicht aufgrund einer »göttlichen Natur«, die ihr ursprünglich zu eigen wäre. Die wahren Gründe, warum etwas Menschlich-Geschaffenes dennoch unsterblich sein kann, liegen tiefer. Wir wollen diesen Gründen jetzt Schritt für Schritt nachgehen. Dazu soll erst einmal geklärt werden, was mit Seele überhaupt gemeint ist.[72]

1. Psychologisch: Die Seele – Inbegriff menschlicher Emotionalität

Das Wort Seele bezeichnet ein äußerst vielschichtiges und darum auch nicht in eine begrifflich scharfe Definition zu zwängendes Phänomen. In unserer normalen Alltagssprache herrscht weitgehend ein psychologisches Verständnis von Seele vor: Die Seele gilt als Inbegriff menschlicher Emotionalität, die den weiten Bereich der Gefühle und des Gemütslebens, der inneren Erlebnis- und Leidensfähigkeit eines Menschen umfaßt. Die Seele steht dabei irgendwie in der Mitte zwischen der Rationalität (also dem Verstand und dem freien Willen) und der Materialität (also dem Körper) des Menschen. Darum kommt ihr die besondere Aufgabe zu, diese verschiedenen Dimensionen gut miteinander zu »vermitteln«, damit so etwas wie »ganzheitliches«, die Gegensätze versöhnendes Menschsein (»mit Leib und Seele«, mit »Herz und Hirn«) gelingen kann.

Bezieht sich der christliche Glaube, wenn er von der »unsterblichen Seele« spricht, auf diese emotionale Dimension des Menschen? Sicher auch, aber nicht nur! Der theologische Begriff von Seele ist – wie wir gleich sehen werden – viel weiter als der psychologische. Als »Zwischenstufe« zwischen diesen beiden Bedeutungsfeldern möchte ich aber zunächst noch auf den philosophischen Sprachgebrauch von Seele eingehen.

2. Philosophisch: Die Seele – Inbegriff menschlicher Personalität

a) Thomas von Aquin und die »Unzerstörbarkeit der Seele«

In der Tradition der klassischen europäischen Philosophie spielt der Begriff Seele seit Platon und Aristoteles eine große Rolle. Für den hl. Thomas, der beide Traditionsströme in seiner Philosophie vereinigt hat, ist die Seele des Menschen das geistige »Formprinzip« des Leibes; also das, was dem menschlichen Leib seine spezifische, jeweils ganz persönliche und individuelle Gestalt gibt, was ihn zu diesem konkreten Menschen, zu dieser Person »Peter« oder »Petra« macht. Die Seele ist demnach der eigentliche »Identitätsträger« des Menschen. Aber sie bleibt dabei dennoch ganz auf den Leib ausgerichtet und angewiesen (genauso wie umgekehrt der Leib auf die Seele). Im Leib stellt sich eben die Seele nach außen dar, in ihm allein kann sie sich greifbar und sichtbar in der Welt verwirklichen. So wird der Leib zum Selbstausdruck der Seele, die Seele zum gestaltgebenden Prinzip des Leibes.

Diese tiefe, den Menschen wesentlich bestimmende Einheit zwischen Leib und Seele zerbricht im Tod. Der Mensch hört damit auf, als Mensch zu existieren. Der Leib vergeht; die Seele jedoch wird nach der Lehre des hl. Thomas von Gott auch ohne Leib im Dasein erhalten. Und zwar aus zwei Gründen:

(1) Einmal eignet ihr bereits eine natürliche, vom Schöpfer verliehene »Unzerstörbarkeit«. Denn im Unterschied zum Leib, der aus vielen Teilen (Organen, Zellen usw.) besteht, die im Tod auseinanderfallen und darum auch zerfallen, kann die Seele als geistige »Form« des Leibes, die ihm ja seine einheitliche Gestalt gibt, selbst nur etwas unteilbar Einfaches und Einheitliches sein, das gar nicht auseinanderfallen oder zerfallen bzw. sterben kann.

(2) Darüber hinaus bewahrt Gott die Seele aber auch noch aus einer besonderen Gnade heraus vor dem Untergang im Tod; denn sie soll ja nach seinem Willen die Identität des Menschen auch über seinen Tod hinaus gewährleisten bis zur »Auferstehung des Leibes« am Jüngsten Tag. Dann wird Gott sie nämlich befähigen, den neuen Leib, eben den verklärten Auferstehungsleib dieses Menschen zu »formen«.

So beeindruckend diese Verbindung von Platon, Aristoteles und christlichem Glauben bei Thomas auch ist, so kann sie doch gewisse Unstimmigkeiten nicht verbergen. Auf der einen Seite soll die Seele zwischen Tod und Auferstehung getrennt vom Leib existieren. Das ist aber im Grunde völlig gegen ihre Natur als »Form« des Leibes (den es jetzt aber gar nicht mehr gibt). Auf der anderen Seite soll diese leibfreie Seele aber doch auch schon die Seligkeit des Himmels und der Anschauung Gottes ungetrübt genießen können. Wozu braucht es dann eigentlich noch den Leib am Ende der Zeit? Wirkt er nicht eher als ein entbehrliches »Anhängsel«, das die Seligkeit der Seele am Ende nicht mehr wesentlich zu steigern vermag? Das aber steht wiederum im deutlichen Gegensatz zur neutestamentlichen Tradition, die nicht auf die Seligkeit einer (zunächst) leibfreien unsterblichen Seele hofft, sondern auf ein ganz neues Leben der Verstorbenen, das ihnen zuteil wird durch ihr endgültiges »Bei-Christus-Sein« (1 Thess 4,17; Röm 14,8) und in der bald erwarteten allgemeinen »Auferweckung der Toten« (1 Kor 15). Bei dieser biblischen Hoffnung geht es stets um das vollendete Heil des ganzen Menschen, so wie er hier auf der Erde gelebt hat, mit seiner konkreten Biographie und Geschichte, mit seinen Freuden und Leiden, mit seinen mitmenschlichen Beziehungen und seinem sozialen und kulturellen Wirken usw. Alles, was für die endgültige Gemeinschaft mit Gott in seinem Reich von Bedeutung ist, soll von diesem Menschen erhalten bleiben (natürlich in verwandelter Form), nicht nur seine geistige Seele, und auch nicht alles erst in weiter, existentiell unbetroffener Ferne am »Jüngsten Tag«.

b) Philosophische Gründe für eine unsterbliche Seele

Diesen biblischen Impuls hat die gegenwärtige Theologie wieder bewußt aufgegriffen. Bevor ich darauf eingehe, soll noch einiges aus der neuzeitlichen Philosophie zum Thema »Unsterblichkeit der Seele« bedacht werden. Auch wenn das Wort Seele momentan im philosophischen Diskurs (wohl wegen seiner begrifflichen Unschärfe) keine große Rolle spielt, ist der darin traditionell angezielte Sachverhalt damit noch keineswegs erledigt. Statt von »Seele« spricht die Philosophie heute eher von der menschlichen »Personalität«. Das bedeutet: Jeder Mensch ist ein einmaliges, unverwechselbares und unaustauschbares, mit Selbstbewußtsein und Freiheit ausgestattetes Individuum, dem eine von allen unbedingt zu achtende Würde zukommt. Kommt ihm aber als Person auch »Unsterblichkeit« zu? Rein philosophisch kann dies kaum eindeutig mit allgemein einsichtigen Argumenten behauptet werden. Aber es gibt dennoch gute philosophische Gründe, die den (vorausgesetzten) religiösen Glauben an die Unsterblichkeit des Menschen als durchaus vernunftgemäß erweisen können.

Das heißt: Von der Vernunft her läßt sich aufzeigen, daß der religiöse Glaube an etwas »Unzerstörbares« im Menschen sich verträgt mit Erkenntnissen über den Menschen, die auch außerhalb des religiösen Glaubens einsichtig sind. Es ist also durchaus vernünftig und sinnvoll, mit der Möglichkeit eines »Unzerstörbaren« im Menschen zu rechnen. Daß sich diese Möglichkeit auch tatsächlich nach dem Tod so verwirklichen wird, das kann nur auf der Basis eines religiösen Glaubens erhofft werden, und zwar durchaus mit der ihm eigenen starken Zuversicht und Gewißheit.

Was sind die philosophischen Gründe, die diese Hoffnung als vernunftgemäß erweisen können? Von Platon an bis heute werden meist zwei Gründe genannt:[73]

(1) Der eine betrachtet den Menschen als ein Wesen, das ein Gewissen hat und darum zum ethisch-sittlichen Handeln fähig ist; das sich also an einer unbedingt geltenden sittlichen Norm orientieren kann und soll, egal ob es sich für es selbst lohnt oder nicht (z.B. den anderen Menschen nie als Mittel zum Zweck zu gebrauchen, sondern stets als eigenwertige Person; oder sich unter Einsatz des eigenen Lebens für Gerechtigkeit und Liebe einzusetzen u.ä.). Wenn dieses sittliche Handeln nun einen Sinn haben soll, und zwar gerade dann, wenn es innerhalb des eigenen Lebens absolut keinen Erfolg hat, ja, wenn es im Gegenteil dem sittlich gut handelnden Menschen oft sogar ausgesprochen schlecht in dieser Welt ergeht, dann muß sinnvollerweise »postuliert« oder »unterstellt« werden, daß mit dem Tod nicht alles aus sein kann; daß vielmehr dem sittlich gut handelnden Menschen nach dem Tod Gerechtigkeit widerfährt und er den Sinn und den Segen seines guten Handelns auch erfahren darf. Sonst verlören das sittlich gute Handeln und auch die humanen Normen, nach denen es sich richtet, auf Dauer ihre ganze Überzeugungskraft: »Keiner könnte – ja dürfte – das Sittengesetz ernst nehmen, wenn es demjenigen, der sich daran hält, nur Unglück und Verderben

brächte. Ohne den Gedanken einer letztendlichen Gerechtigkeit bricht die (im guten Sinne:) naive Geltung des ungeschmälerten Sittengesetzes zusammen.«[74]

(2) Der andere Grund, warum es vernunftgemäß ist, mit der Möglichkeit eines den Tod überwindenden »Unzerstörbaren« im Menschen zu rechnen, geht von der besonderen Erkenntnisfähigkeit des Menschen aus: Der menschliche Geist ist in seinem Erkennen nicht nur auf die sinnlich erfahrbare Welt des Endlichen beschränkt. Er ist grundsätzlich – zumindest fragend und suchend – offen für das Un-Endliche, ja letztlich für Gott als den umfassenden, an der Wurzel aller Sehnsucht nach Heil steckenden und doch so unbegreiflichen Sinn unserer ganzen Wirklichkeit. Diese Offenheit des endlichen Geistes auf einen unendlichen Sinn hin kann als ein starkes Zeichen dafür gelten, daß dem menschlichen Geist doch eine gewisse »Verwandtschaft« mit dem Unendlichen eignet; es deutet darauf hin, daß der Mensch nicht darin aufgeht, bloß ein Teil der vergänglichen materiellen Welt zu sein. Ob dies tatsächlich der Fall ist, läßt sich jedoch rein philosophisch nicht definitiv begründen. Dieser Aufweis ist und bleibt eine Sache des religiösen Glaubens, der allerdings immer auch das vernünftige Verstehen dessen, was er glaubt, mit einbeziehen muß; sonst wird er leicht willkürlich und beliebig.

3. Theologisch: Die Seele – Inbegriff des ganzen Menschen vor Gott

a) Ansprech- und Antwortorgan für Gottes Liebe

In der gegenwärtigen katholischen wie evangelischen Theologie wird inzwischen wieder etwas unbefangener von der Seele und ihrer Unsterblichkeit gesprochen; allerdings in einer ziemlich veränderten Weise. Man möchte nämlich den Begriff »Seele« retten, ohne jedoch die damit traditionell verbundenen leibentwertenden Inhalte weiterzutragen.

Man läßt sich heute wieder stärker vom biblischen Sprachgebrauch inspirieren. Das hat zur Folge, daß mit dem Begriff »Seele« nicht mehr bloß ein bestimmter hervorgehobener Teil des Menschen bezeichnet wird (z.B. das Emotionale oder das geistige Formprinzip oder die Personalität oder die Sittlichkeit des Menschen u.ä.). Nein, wenn heute theologisch von der Seele des Menschen gesprochen wird, geht es immer um den ganzen Menschen – allerdings unter einer bestimmten Rücksicht: nämlich daß er von Gott dazu befähigt ist, sein »Dialogpartner« zu sein (J. Ratzinger), also mit Gott in eine hörende, antwortende und liebende Beziehung treten zu können.

Diese Fähigkeit umschließt aber alle Dimensionen des Menschen: Seinen Leib, sein personales Selbst, seinen Verstand, sein Herz und seine Gemütskräfte, seine gesellschaftliche Verfaßtheit, seine kulturschaffende Kreativität usw. Denn Gottes Liebe und Gemeinschaftswille gilt dem ganzen Menschen, so wie er als sein geliebtes Geschöpf hier auf der Erde lebt. Darum ist der Mensch von Gott so geschaffen, daß er auch in seinem ganzen Menschsein ansprechbar ist für Gottes Wort und empfänglich für Gottes Liebe. Und genauso ist er darum auch mit seinem ganzen Menschsein fähig, auf Gottes Wort und Liebe zu antworten. Diese ihm von Gott geschenkte Befähigung ist seine »Seele«, ja, ist er selbst, so wie er vor Gott steht.

Wenn z.B. der Beter der biblischen Psalmen zu seiner Seele sagt: »Lobe den Herrn, meine Seele, und alles in mir seinen heiligen Namen« (Ps 103,1), dann fordert er nicht irgendein Gefühl oder eine geistige Kraft in sich auf, Gott zu loben, sondern schlechthin sich selbst mit allem, was ihn als Mensch vor Gott ausmacht, gerade auch mit seinem Leib, seinem Herzen, seinem Verstand. Und ebenso meint Maria im Magnificat eindeutig sich selbst, wenn sie von ihrer »Seele« oder ihrem »Geist« im Gegenüber zu Gott spricht: »Meine Seele preist die Größe des Herrn, und mein Geist jubelt über Gott, meinen Retter« (Lk 1,46f.).

b) Jedem Menschen zu eigen

Diese Seele, dieses »Ansprech- und Antwortorgan« für Gott, ist jedem Menschen gegeben, ob er davon nun ausdrücklichen Gebrauch macht und sich in Glaube, Hoffnung und Liebe direkt auf Gott bezieht oder nicht. Denn diese Befähigung zur Gemeinschaft mit Gott gehört einfach zum Geschöpfsein des Menschen, ja, sie ist damit identisch. Darum kann sie auch auf sehr vielfältige und oft recht verborgene, mehr unausdrückliche Weise erlebt werden: z.B. wenn ein Mensch sich mit der Tatsache seiner Endlichkeit konfrontiert sieht, kann dies (wenn es nicht gleich wieder verdrängt wird) zur Frage nach einem letzten Woher und Wohin seines Daseins führen, auch nach der möglichen Alternative zwischen Sinn und Sinnlosigkeit im ganzen. Oder wenn einer sich selbst mit seinem ganzen Geschick, gerade auch in seinen unbegreiflichen Dunkelheiten, dennoch annimmt und ja dazu sagt, nicht bitter oder verschlossen wird, sondern im Vertrauen auf einen verborgenen Sinn seinen Lebensweg geht (oft genug in einer »Hoffnung gegen alle Hoffnung«), dann aktiviert er genau das, was wir im christlichen Glauben mit »Seele« meinen. Oder wenn Menschen in ihren Erfahrungen von Glück und Heil (gerade in der zwischenmenschlichen Liebe) erleben, daß in allem doch »eine Spur zu wenig« an erfüllter Sehnsucht gegeben ist, dann kann dies zur »Spur« werden (I. Bsteh), die sie über alles, was das Leben zu bieten hat, tastend-suchend hinausweist auf eine unbegrenzte Liebe, die allein die Sehnsucht unseres Herzens nach Heil stillen kann.

c) Die »unsterbliche« Treue Gottes und die menschliche Unsterblichkeit

Diese »gottoffene« Seite des Menschen, seine »Seele«, kommt natürlich erst dann voll zur Geltung, wenn ein Mensch auch ausdrücklich dieser seiner »Natur« gemäß zu leben versucht. Wenn er also das Angebot der Freundschaft mit Gott bewußt und frei annimmt und in eine vertrauend-liebende Beziehung zu ihm eintritt. Aber auch wenn dies nicht geschieht; wenn ein Mensch diese Befähigung seiner Seele ständig verdrängt oder unterdrückt: Er kann sie dennoch nicht zerstören; er kann sich nicht selbst als Geschöpf Gottes, als ein möglicher Gesprächspartner Gottes aufheben. Und damit sind wir präzise bei dem wirklich »Unzerstörbaren« des Menschen angelangt: Gottes Ja zu jedem Menschen, den er ins Dasein ruft, gilt so unbedingt, daß absolut nichts, weder die Verschlossenheit des Menschen noch der Tod es außer Kraft setzen kann. Gott läßt keinen seiner Menschen im Tod ins Nichts zurückfallen; seine »unsterbliche« Treue ist der entscheidende Garant menschlicher Unsterblichkeit.

Aber – und das ist das Wunder der Schöpfung – diese Treue bleibt nicht nur etwas auf Seiten Gottes! Sie ruft im Menschen ein freies, eigenständiges »Spiegelbild« zu dieser Treue hervor: indem sie nämlich den Menschen selbst dazu befähigt, der Treue Gottes in Freiheit entsprechen zu können. Darum kann der Mensch sich von Gott wirklich unendlich lieben lassen und darauf mit seiner eigenen Gegenliebe »aus ganzem Herzen und ganzer Seele« (Mk 12,30) antworten. Diese alle natürlichen Grenzen des Menschen übersteigende Fähigkeit zur Gemeinschaft mit Gott schließt aber notwendig auch die zwischenmenschliche Liebe zum Nächsten und zum Fremden (bis hin zum Feind) mit ein, ja, auch die tiefe Sympathie zu allen Mitgeschöpfen. Als dem menschlichen Pendant zur unbegrenzten Treue Gottes sind ihr eben keine Grenzen (in welcher Richtung auch immer) zu hoch; auch nicht die Grenze des Todes! Darum ist diese, unser ganzes Menschsein (mit Leib, Seele und Geist) betreffende Begabung, der Liebe Gottes mit unserer Liebe (zu ihm und zueinander) entsprechen zu können, das wahrhaft »Unzerstörbare« im Menschen; sie ist (theologisch gesehen) seine »unsterbliche Seele«. In der Kraft der »zurückgespiegelten« Treue Gottes vermag sie auch den Tod zu überwinden und den Menschen der vollendeten Gemeinschaft mit Gott, mit dem auferstandenen Christus und allen anderen Vollendeten im »Leib Christi« zuzuführen.

IV. Die »Auferstehung der Toten«: Was wird aus dem Leib?

Ein Vorzug dieses heute weithin akzeptierten theologischen Verständnisses der unsterblichen Seele besteht darin, daß es nicht mehr unbedingt mit der traditionellen Vorstellung einer »Trennung von Leib und Seele« im Tod und der darauffolgenden Seligkeit einer leiblosen Seele bis zur Auferstehung des Leibes am Jüngsten Tag arbeiten muß. Die Dinge rücken wieder enger zusammen: Leib und Seele, Unsterblichkeit und Auferstehung werden nicht mehr als voneinander getrennte Sachverhalte betrachtet; sie gelten eher als verschiedene Aspekte des einen großen Vollendungsgeschehens, das immer zugleich individuell wie universal zu denken ist. Das bedeutet: Wir glauben, daß die Menschen nach dem Tod mit ihrer »unsterblichen Seele«, also mit ihrem ganzen Menschsein und ihrer bunten Lebensgeschichte, mit allem, was sie erlebt und erlitten, was sie getan und unterlassen haben, also wirklich mit »Leib und Seele« unverborgen der Liebe Gottes im auferstandenen Jesus Christus begegnen. Mit »Leib und Seele«! Was heißt aber hier »Leib«?

1. Die Antwort des Paulus: Der »pneumatische Leib« der Auferstehung

Unbestritten dürfte sein, daß in diesem Zusammenhang etwas anderes mit dem »Leib« gemeint ist als unser jetziger »Körper«, also der nach biologischen Gesetzmäßigkeiten funktionierende Organismus. Dieser Organismus wird bekanntlich schon während eines längeren Lebens in all seinen stofflichen Bestandteilen mehrmals völlig ausgewechselt; im Tod fällt er dann endgültig der Verwesung anheim. Auch die »Auferweckung der Toten« wird diese Verwesung des organischen Lebens nicht rückgängig machen; sie wird den vergänglichen, biologisch längst tausendfach umgesetzten, in anderen Organismen wieder verarbeiteten »Stoff« unseres Körpers nicht wieder »zusammenlesen« und neu beleben. So »stofflich« brauchen wir uns die Auferweckung der Toten keineswegs vorzustellen. Nein, der hl. Paulus geht da einen anderen Weg, auf dem wir ihm folgen wollen. Nach ihm schenkt Gott uns in der Auferstehung einen völlig verwandelten, vom Heiligen Geist gewirkten »pneumatischen Leib« (1 Kor 15,44).

Was mag damit gemeint sein? Nun, Paulus ringt schon damals mit dem gleichen Problem: Wie verhält sich der vergängliche Leib zum unvergänglichen Leben der Auferstehung? Er antwortet darauf, indem er das Verhältnis zwischen unserem irdischen Leib (= Körper) und dem pneumatisch-himmlischen Leib der Auferstehung so beschreibt: »Was gesät wird, ist verweslich. Was auferweckt wird, unverweslich. Was gesät wird, ist armselig, was auferweckt wird, herrlich. Was gesät wird, ist schwach, was auferweckt wird, ist stark. Gesät wird ein irdischer Leib, auferweckt ein pneumatischer Leib (griech.: ›soma pneumatikon‹). Wenn es einen irdischen Leib gibt, gibt es auch einen pneumatischen Leib« (1 Kor 15,42–44).

Um diese Rede vom »pneumatischen Leib« ein wenig mehr zu verstehen, kann der Vergleich mit der Eucharistie hilfreich sein. Beim Einsetzungsbericht wird immer neu das Wort Jesu wiederholt, das er beim Letzten Abendmahl über das Brot gesprochen hat: »Nehmet und esset alle davon: Das ist mein Leib, der für euch hingegeben wird.« »Leib« steht hier eindeutig für die ganze, sich an Gott und die Menschen hingebende Person Jesu, für sein ganzes Leben und Sterben im Dienst des Reiches Gottes. Denn er gibt uns ja nicht buchstäblich sein irdisch-körperliches Fleisch (mit Haut und Knochen) zur Speise; was sollte das auch schon helfen? Nein, er übergibt uns im Zeichen des gebrochenen Brotes und des ausgeteilten Weines sein vom Vater angenommenes Lebensopfer, seine sich bis zum Tod verschwendende und uns heilende Liebe. Das ist sein lebendiger, ins ewige Leben Gottes aufgenommener und verwandelter »Leib«, sein »pneumatischer Leib«, der Leib der Auferstehung, an dem auch wir Anteil erhalten sollen. Dem entspricht auch die Ablehnung einer zu massiv irdischen Vorstellung vom »Fleisch und Blut« Jesu als Speise zum ewigen Leben in Joh 6,63: »Der Geist ist es, der lebendig macht (= der Geist des totenerweckenden Gottes); das Fleisch nützt nichts. Die Worte, die ich zu euch gesprochen habe, sind Geist und Leben.«

2. Unterscheidung zwischen »Körper« und »Leib«: Die Bedeutung der eigenen Biographie für das neue Leben

Unsere Vorstellungskraft stößt bei diesem Thema deutlich an ihre Grenze. Denn aus unserer Erfahrung kennen wir eben nur einen Leib, der zugleich auch organisch-körperlich verfaßt ist. Die biblische Verheißung der Auferstehung der Toten rechnet jedoch offensichtlich mit der Möglichkeit, daß nicht jede Form von Leiblichkeit auch zugleich »Körperlichkeit« bedeutet. Faktisch ist es zwar in diesem irdischen Leben so; aber – so fragt die Auferstehungshoffnung kühn über alles Faktische hinaus –: Muß es deswegen auch schon notwendig für jede mögliche Form von Leben gelten, gerade auch für das Leben nach dem Tod?[75] Daß es durchaus sinnvoll ist, zwischen »Leib« und »Körper« begrifflich zu unterscheiden, und zwar nicht bloß im Hinblick auf ein »Jenseits« des Todes, sondern durchaus auch für das »diesseitige« Leben, läßt sich an ganz einfachen Beispielen aufzeigen, die jeder kennt:

Wenn ich z.B. das faltige, zerfurchte Gesicht eines alten Menschen anschaue, dann erkenne ich darin viel mehr als nur eine bestimmte Form von Haut, Fleisch und Knochen. In einem Gesicht, gerade in einem altgewordenen, spiegelt sich oft sehr viel von der Biographie eines Menschen wider, mit ihrer ganzen Last und Lust. Oder nehmen wir die Augen: In ihnen kann viel von der Freude und dem Leid, der Zufriedenheit oder der Unzufriedenheit, der Ehrlichkeit oder der Verlogenheit eines Menschen entdeckt werden. Warum sind gerade die Augen eines Kindes so beglückend? Oder: Menschliche Hände können als heilend, als segenbringend, als vertrauenerweckend erlebt werden. Oder: Eine Stimme kann wärmend und ermutigend, aber auch kalt und abweisend klingen usw. Das alles fällt unter den Begriff »Leib«. Von daher ist es einsichtig, daß der »Leib« mehr ist als nur ein biologischer Organismus. Man kann ihn vielleicht verstehen als den in die menschliche Biographie hineingezogenen »Körper«, der also vom Charakter und der Lebensgeschichte eines Menschen sichtbar geprägt ist. Um diesen Leib geht es vor allem bei der Eucharistie und bei der Auferweckung der Toten, und nicht bloß um das biologische Substrat des Körpers, das aber dennoch dabei keineswegs unterschlagen wird. Dazu gleich mehr.

3. Auferstehung: Option für die bleibende Erdverbundenheit des Menschen

Die eben beschriebene Unterscheidung zwischen »Leib« und »Körper« ist sicher hilfreich für das Verständnis des Auferstehungsleibes. Aber mit gutem Recht wird mancher jetzt fragen: Wenn es nach dem Tod einen nicht-körperlichen (»pneumatischen«) Leib geben wird, warum wird er dann mit dem Wort »Leib« bezeichnet, das doch normalerweise immer auch den »Körper« mit einbezieht? Ist mit einem »nicht-körperlichen« Leib denn nicht im Grunde dasselbe gemeint, was wir im vorigen Abschnitt mit »unsterblicher Seele« bezeichnet haben? In der Tat, der Unterschied ist nicht sehr groß! Beide Male handelt es sich um den einen und ganzen Menschen, der nach dem Tod als er selbst, mit seinem real gelebten Leben vollendet werden soll. Wenn nun aber dieser vollendete Mensch aufgrund der

Auferweckung der Toten von der biblisch-kirchlichen Tradition ausdrücklich auch »Leib« genannt wird, dann deswegen, weil hier der Aspekt der bleibenden Verbundenheit dieses Menschen mit seinem irdischen Leben, seinem irdischen Körper herausgehoben und festgehalten werden soll.

Etwas vereinfacht gesagt: Der Begriff »Seele« umschreibt mehr die »Gottoffenheit« des Menschen; der Begriff »Leib« dagegen mehr seine »Erdverbundenheit«. Beides gilt vom ganzen Menschen; in beidem wird sein innerstes Selbst, sein Wesen als Geschöpf und Kind Gottes angesprochen. Darum soll beides in der jüdisch-christlichen Hoffnung auch bei der Vollendung des Menschen Platz haben. Diese Hoffnung basiert eben auf einem »Glauben, der die Erde liebt« (K. Rahner). Er liebt die Erde und alles, was irdisch-körperlich-materiell auf ihr lebt und existiert; denn es gehört genauso wie das Geistige oder Seelische zur guten Schöpfung Gottes. Gott hat sein unverbrüchlich treues Ja zur ganzen Schöpfung gesprochen (Gen 1); darum soll sie als ganze auch einmal in die Vollendung des Reiches Gottes hinein aufgenommen werden (s.u. Kap. IX). Um diesen Heilswillen für die ganze Schöpfung eindeutig zu bezeugen und endgültig in Kraft zu setzen, hat Gottes schöpferisches Wort in Jesus Christus einen menschlichen Leib angenommen (vgl. Joh 1,1–16). Dies aber keineswegs als eine auswechselbare, abstreifbare Hülle, sondern als unlösbares »Sakrament« seiner Liebe zur ganzen Schöpfung. Darum ist Jesus auch leiblich aus dem Tod auferweckt worden; d.h. er selbst mit seiner ganzen Lebensgeschichte, mit allem, was er in seinem Leib getan und erlitten hat. Denn er hat ja die Liebe Gottes auf ganz leibhaftige Weise den Menschen vermittelt: In seinem befreienden Wort, in seinem heilenden Tun, in seinem erlösenden Sterben. Dies alles wird in seinem Auferstehungsleib bewahrt und ins Leben Gottes »mitgenommen«; es gibt dem vollendeten »Leib Christi« im Himmel seine unaufhebbar erdbezogene Gestalt; es macht ihn zum heilenden Lebensraum für alle anderen Menschen, die mit ihrer konkreten Lebensgeschichte in diesen Leib des

Auferstandenen aufgenommen werden. Diese vollendete Leiblichkeit Jesu und der anderen Verstorbenen ist zwar nicht mehr dieselbe wie in diesem irdischen Leben. Aber sie hebt doch (gleichsam als das »Gedächtnis« des irdisch gelebten Lebens) all das von unserer vergänglichen Körperlichkeit in sich auf, was für das endgültige Heil des ganzen Menschen, für die Vollendung von »Leib und Seele« bedeutsam ist.

4. Das »Aufheben« der Geschichte in der Auferstehung der Toten

Der Begriff des »Aufhebens« scheint mir überhaupt sehr hilfreich zu sein, um zu verstehen, was wir mit »Auferstehung der Toten« oder mit »Vollendung« meinen. Hegel hat auf die dreifache Bedeutung des deutschen Wortes »aufheben« hingewiesen: (1) aufheben = bewahren; (2) aufheben = außer Kraft setzen (z.B. ein Gesetz); (3) aufheben = emporheben, hochheben (z.B. vom Boden). Wenn wir diese drei Momente auf die in der Auferstehung der Toten erhoffte Vollendung des Menschen und der ganzen Geschichte des Menschen anwenden, heißt das:

(1) Alles das wird von Gottes Liebe bewahrt, was in einem persönlichen Leben und in der menschlichen Geschichte überhaupt für die endgültig versöhnte Gemeinschaft mit Gott und miteinander im Reich Gottes wichtig ist; also alles, was von uns in vertrauendem Glauben, in Hoffnung und in Liebe getan oder erlitten wird. Darin liegt die Kontinuität zwischen dieser und der kommenden Welt.

(2) Alles das wird von Gottes Liebe außer Kraft gesetzt, was in diese endgültige Versöhnung nicht integriert werden kann. So sagt es die Offenbarung des Johannes: Gott wird »alle Tränen von unseren Augen abwischen« (Offb 21,4). Das heißt: Schmerzen werden vergehen, Wunden werden heilen, Menschen werden miteinander, aber auch mit all dem Beschädigten, Gescheiterten und Ungelebten ihres ei-

genen Lebens versöhnt. Ebenso wird das Sündige, Sich-Gott-Verschließende unserer Geschichte, insofern es ehrlich bereut wird, der Vergebung Gottes anheimgegeben. Dadurch wird die Schuld jedoch nicht einfach »annulliert« (das ist unmöglich); aber die Vergebung bewirkt, daß wir Menschen uns selbst mit unserer ganzen sündigen Vergangenheit annehmen können, daß diese nicht mehr unsere Identität belastend bestimmt, sondern daß wir zu einer neuen, versöhnten Gemeinschaft mit Gott und untereinander überhaupt erst fähig werden (s.u. Kap. VI).

(3) Alles das, was wir an bewahrenswerter »Frucht« unseres Lebens mit in die Vollendung bringen, wird von Gottes Liebe entgegengenommen und durch sie zur vollen »Reife« gebracht (»emporgehoben«). Die Vollendung unseres Lebens ist eben unendlich mehr als nur das festgeschriebene Resultat dessen, was wir hier an Liebe gelebt und getan haben. Das wäre bei den meisten von uns doch recht dürftig und fragmentarisch. Nein, das von uns in die Vollendung Eingebrachte (und mag es noch so wenig sein) erhält durch das unangefochtene Bleiben in der Gegenwart Gottes seine endgültig geglückte Gestalt: Es kommt endlich ganz zu sich, weil es ganz zu Gott gefunden hat (s.u. Kap. VII).

5. Auferstehung schon »im Tod«?

Kann man dieses vollendende »Aufheben« der persönlichen und universalen Geschichte der Menschen im »Leib« des auferstandenen Christus und damit im Leben des dreieinen Gottes als »Auferstehung im Tod« bezeichnen, wie es heute viele katholische Theologen tun (besonders Gisbert Greshake)? Ich meine ja. Denn dieses »Aufheben« trifft den Kern dessen, was theologisch mit »Auferweckung« bzw. »Auferstehung« der Toten bezeichnet wird (zur Sprachregelung: der Begriff »Auferweckung« betont mehr das Handeln Gottes; der Begriff »Auferstehung« mehr das von diesem Handeln Gottes befähigte Mit-Handeln des Menschen. Sachlich meint beides dasselbe Geschehen der Gabe neuen, endgültig geglückten Lebens durch Gott). Im »aufhebenden« Entgegennehmen unseres Lebens durch Gott liegt zweifellos der eigentliche theologische Gehalt der Auferstehung von den Toten; nicht jedoch in einer ausschließlich an das Ende der Geschichte verlagerten, als Öffnung der Gräber und als Neubelebung der Leichname vorgestellten Dramatik. Wenn der ganze Mensch »mit Leib und Seele« in seinem Tod in das Leben Gottes aufgenommen wird, dann ist er darin auch bereits »auferstanden«.

So glauben wir es ja auch von der Auferstehung Jesu, dem »Urmodell« unserer Auferstehung: Indem der Vater die vorbehaltlose Lebensrückgabe Jesu am Kreuz annimmt, beschenkt er ihn darin zugleich mit seiner »Gegengabe«: mit dem lebendigmachenden Geist der Auferweckung.[76] Die Lebenshingabe Jesu, ihr Entgegennehmen durch den Vater und die Gegengabe des lebenspendenden Heiligen Geistes sind die drei entscheidenden Dimensionen des einen (zeitlich nicht auseinanderzuziehenden) Geschehens von Tod und Auferstehung Jesu. Zwar ist die Auferstehung Jesu erst drei Tage nach seinem Tod den ersten Zeugen, den Frauen und den Zwölfen durch Erscheinungen des Auferstandenen offenbart worden. Aber das heißt nicht, daß deswegen die Auferstehung selbst erst drei Tage nach dem Tod Jesu erfolgt ist. Sie kann – als überzeitliches, im Leben des dreieinen Gottes sich ereignendes Geschehen – durchaus »im Tod« Jesu geschehen sein, als seine unseren Augen verborgene, aber dem Glauben dennoch zugängliche (und auch verständliche!) Innenseite.

Dies dürfen wir getrost auch von denen glauben, die »im Leben und Sterben dem Herrn gehören« (Röm 14,8), die deshalb in ihrem Tod endgültig bei Christus ankommen. Denn wie der auferstandene Herr zu ihnen in ihrem Tod »wiederkommt«, so läßt er sie auch dann schon an seinem Auferstehungsleben (woran sonst?) teilhaben. Darum können wir dies ruhig als »Auferstehung« bezeichnen. Sie läßt sich – ebenso wie die Wiederkunft Jesu – gut im Bild des

»Prozesses« beschreiben: Beginnend mit der Taufe und einem Leben aus dem Glauben (was beides im Neuen Testament als Übergang vom Tod zum neuen Leben der Auferstehung bezeichnet wird: Röm 6,1–11; Eph 2,5f. 5,14; Kol 2,12f. 3,1; Joh 5,24f. 11,25f.; 1 Joh 3,14), über den Tod der einzelnen (als endgültige und ganzmenschliche »Einlösung« der Taufe – vgl. 2 Kor 5,8) bis hin zur umfassenden Heimholung aller Menschen am Ende unserer Geschichte. Insofern bleibt das vollendende Geschehen im Tod der einzelnen stets in eine große, noch immer unabgeschlossene Dynamik auf die endgültige Entmachtung des letzten »Feindes«, eben des Todes hin eingebunden. Auf sie »wartet« – wie der Hebräerbrief sagt (10,13) – selbst der auferstandene Christus noch. Erst dann wird Gott »alles in allem« sein (1 Kor 15,28); erst dann wird die ganze Schöpfung zum vollendeten Reich Gottes verwandelt sein.

V. Das »Letzte Gericht«: Göttliche Lohn- und Strafjustiz oder Begegnung mit der richtenden Liebe Gottes?

1. Bleibender Inhalt – wechselnde Vorstellungen

Ebenso wie beim Thema »Auferstehung« spielt auch bei der Erwartung des zum Gericht kommenden Menschensohnes die christliche Kunst der vergangenen Jahrhunderte eine große Rolle für die Vorstellungen der Christen von diesem Ereignis. Denken wir nur an das großartige Wandgemälde von Michelangelo in der Sixtinischen Kapelle in Rom: In machtvoll-majestätischer Geste teilt der wiederkommende Christus am Ende der Zeit die Menschen auf in ewig Gerettete und ewig Verdammte, ganz so wie es Mt 25,31ff. beschreibt. Durch eine ähnlich eindrucksvolle mittelalterliche Darstellung in der Kirche meiner Kindheit hat sich mir diese Szene bereits als Kind tief eingeprägt. Es dürfte für unzählige Generationen von Christen gelten, daß solche Gerichtsgemälde ihr Christusbild entscheidend bestimmt haben: Christus ist der Herr der Geschichte; was jetzt noch verborgen ist, wird am Ende der Zeit für alle offenbar werden. Denn dann wird er das gerechte Gericht Gottes über die ganze Menschheitsgeschichte halten.

An dem Inhalt dieser Botschaft, die ja zum Zentrum der ganzen neutestamentlichen Christusverkündigung gehört, gibt es nichts zu deuten. Jedoch lassen sich berechtigte Fragen an die bildhaften Vorstellungen dieses Letzten Gerichtes stellen: Müssen wir es so verstehen als einen Akt göttlicher Lohn- und Strafjustiz über die Welt? Gibt es nicht auch Verstehensmodelle, die unserem gegenwärtigen, weithin von der Spiritualität und Theologie des II. Vatikanischen Konzils geprägten Gottes- und Christusbild mehr entsprechen? Noch direkter gefragt: Wie verträgt sich die Ankündigung eines Letzten Gerichtes mit unserem Glauben an den universalen Heilswillen Gottes, der will, »daß alle Menschen gerettet werden« (1 Tim 2,4)? Wenn wir so fragen, wollen wir keineswegs den tiefen Ernst der biblischen Gerichtsansage verharmlosen und sie einfach dem modernen Harmoniebedürfnis anpassen, das am liebsten auch die ganze Weltgeschichte schließlich in ein »Happy End« einmünden lassen möchte. Im Gegenteil: Wir wollen ihren unaufgebbaren Wahrheitsgehalt gerade für das heutige Glaubensverständnis »retten«, das eben mit bestimmten traditionellen Vorstellungen wenig anfangen kann und deswegen auch leicht den darin angesprochenen Sachverhalt beiseiteschiebt. Wie ist das zu verhindern? Ich sehe – mit vielen anderen Theologen – eine gute Möglichkeit darin, daß wir das Letzte Gericht Gottes über die Geschichte als endgültige, unverborgene und durchaus auch konfrontierende Begegnung mit der »richtenden Liebe« Gottes verstehen.[77] Dazu einige Erläuterungen:

2. Gegenstand der Hoffnung, nicht der Angst

Der existentielle Sinn der Erwartung eines Letzten Gerichts zielt nicht darauf ab, Angst vor der schrecklichen »Endabrechnung« eines zürnend-rächenden Gottes zu wecken, sondern Hoffnung auf die rettende Wiederkunft des Menschensohnes Jesus Christus, dem Gott dieses Gericht übertragen hat. Diese Hoffnung gilt für alle; denn alle Menschen werden (wenn auch in unterschiedlichem Maß) vor Gott schuldig; sie widersetzen sich seiner Liebe, der sie doch alles verdanken, und setzen sich selbst und ihren Eigenwillen zum Mittelpunkt der Welt. Diese auf Dauer den Menschen zerstörende Sünde ist aber dem kommenden Richter nicht fremd; er begegnet ihr nicht einfach »von außen« und »von oben«, um sie dann »objektiv« zu verurteilen (wie es ein guter menschlicher Richter tun muß). Nein, die Dinge sind hier wieder einmal von Gott auf den Kopf gestellt. Denn obwohl Jesus selbst ohne jede Sünde war (vgl. Hebr 4,15), hat er in seinem Tod am Kreuz die schreckliche Konsequenz dieser menschlichen Sünde am eigenen Leib erlitten. In Jesus, der menschlichen Gestalt des Versöhnungswillens Gottes, begibt sich Gott selbst aus Liebe zum Menschen in die Situation der vom Sünder eigenwillig gesuchten Gott-Verlorenheit und Gott-Verlassenheit: »Mein Gott, mein Gott, warum hast du mich verlassen?« (Mk 15,34). Diese Situation ist die innere Konsequenz der Sünde; sie zu erleiden, ist das »Gericht« Gottes über die Sünde und die Sünder. Aber – und das ist der springende Punkt: Er läßt den sündigen Menschen nicht allein damit. In Jesus erleidet Gott selbst auf menschliche Weise den tödlichen Widerstand der Sünde gegen seine Liebe. Und Jesus leidet ihn aus bis zum Ende – »für uns«, also an unserer Stelle und zu unserem Heil. Durch sein ungebrochenes Vertrauen auf die dennoch bleibende Nähe des Vaters bringt er die Sünde an ihr »Ende«. Denn Gott eröffnet durch ihn für alle die Wende zum endgültigen Heil: zum neuen Leben der Auferstehung.

Darum kann der große Schweizer Theologe H. U. v. Balthasar den zum Gericht wiederkommenden Jesus als »gerichteten Richter« bezeichnen: Er hat das Gericht Gottes, die innere Konsequenz der Sünde, bereits an sich selbst erfahren, um so auch den elendesten, »gottverlassensten« Sünder mit der Barmherzigkeit Gottes in Berührung zu bringen.[78] Das bedeutet für das Endgericht: Dort gibt es auf seiten Gottes nicht einfach ein »Gleichgewicht« zwischen retten-wollender Barmherzigkeit und verwerfen-müssender Gerechtigkeit. Nein, der richtende Christus kennt von sich her nur unbedingte Zuwendung zum Menschen – eben in der Gestalt des restlosen Vergebungs- und Versöhnungswillens Gottes. Dem kann sich der Mensch allerdings von sich aus verweigern und so sich selbst sein endgültiges Urteil in diesem Gericht sprechen (s.u. Kap. VIII).

3. »Richtende Liebe« – ein Paradox?

Hat es bei diesem Verständnis noch Sinn, überhaupt vom »Gericht« zu sprechen? Ich denke schon; denn was »richten« heißt, muß nicht nur am Modell menschlicher Strafjustiz abgelesen werden, in der also dem Angeklagten Urteil und Strafe von außen zugeteilt werden. Das Modell der zwischenmenschlich-personalen Begegnung hilft auch in diesem Fall viel weiter. Wenn wir z.B. an einem Menschen, der uns in echter Liebe zugetan ist, ernstlich schuldig geworden sind, indem wir in irgendeiner Weise seine Liebe verletzt haben, können wir sehr klar erfahren, daß gerade auch Liebe »richten« kann. Denn ein solcher Mensch braucht uns nach so einem Vorfall keineswegs mit Vorwürfen, Anklagen oder Liebesentzug zu strafen. Dennoch kann sein Schmerz über die verwundete Liebe sehr deutlich spürbar werden. In dem Maße, wie mir dann selbst bewußt wird, wie sehr ich an ihm und seiner Liebe schuldig geworden bin, erfahre ich auch das »Gericht« seiner Liebe über mich. Es besteht z.B. in der Scham, dem Schmerz, den Selbstvorwürfen, dem gestörten Vertrauen u.ä., was alles ich als innere Konsequenz meines bösen Tuns, aber nicht unbedingt als von außen, vom anderen mir auferlegte Strafe erfahre.

Solche und ähnliche Erlebnisse geben vielleicht doch ein angemesseneres Bild, eine zutreffendere Analogie zum Gericht Gottes ab als das Modell menschlicher Strafjustiz. Denn Gott richtet nicht »von außen«; er legt keine Strafe zusätzlich zur Sünde auf, sondern die unverhüllte Begegnung mit der von uns verletzten und ausgeschlagenen Liebe Gottes, gerade auch mit ihrem Schmerz darüber, richtet uns auf sehr schmerzliche Weise. Wir selbst, in einem solchen gestörten Verhältnis zu Gott stehend, sind uns dann Gericht und Strafe genug – als auszuleidende Konsequenz unserer Sünde.

Von diesem Ansatz her relativiert sich auch die traditionelle Unterscheidung zwischen dem persönlichen Gericht nach dem Tod und dem allgemeinen Gericht am Ende der Geschichte: Darunter muß nicht eine doppelte, zeitlich auseinandergezogene oder sachlich getrennte Gerichts-Szene verstanden werden; es geht auch hier wieder eher um zwei verschiedene und sehr bedeutsame Aspekte des einen, immer zugleich persönlich und universal verlaufenden Vollendungsgeschehens in der endgültigen Begegnung mit dem wiederkommenden Herrn. Wir sahen oben schon, daß sich dieses sowohl im Tod jedes einzelnen Menschen wie auch im Prozeß des Hineinsterbens aller Menschen und ihrer Welt in das vollendende Leben Gottes hinein ereignen kann.

4. Um letzter Wahrheit und Gerechtigkeit willen

Ein solches Verständnis des Letzten Gerichts bedeutet keineswegs eine »Gewichtserleichterung«, die heute von den einen ersehnt, von den anderen befürchtet wird. Alle entscheidenden sachlichen Gesichtspunkte, die in der christlichen Tradition mit dem Letzten Gericht verbunden sind, bleiben auch in dieser Deutung voll und ganz »aufgehoben«, wenn auch in einer verwandelten Form. Welches sind diese Gesichtspunkte?

Nun, die Begegnung mit der richtenden Liebe Gottes führt jeden Menschen in die entscheidende Krise seines Lebens, weil sie sein Leben und seine Geschichte unausweichlich dem Maßstab Jesu und seiner Verkündigung unterstellt (z.B. das Gerichtsgleichnis Mt 25,31ff. oder die Bergpredigt Mt 5–7). Dadurch kommt es zu der endgültigen Unterscheidung und »Scheidung« (= Krise) zwischen dem, was in unserem Leben und Tun in die liebende Beziehung zu Gott integrierbar ist und dem, was ihr widerspricht. Erst im Durchgang durch diese letzte, unser ganzes Leben mit einbeziehende »Krise« finden wir zu unserer wahren, der heilenden Gemeinschaft mit Gott fähigen Identität.

Dadurch wird das Gericht zugleich auch zum Ort der end-gültigen Wahrheitsfindung: Im Gegenüber zur richtenden Liebe Gottes kommt die Wahrheit unseres persönlichen Lebens, aber auch der ganzen Menschheitsgeschichte zum Vorschein. Da geht uns unverdrängbar auf, was nur Schein an uns ist, vertuschter Egoismus und abgelehnte Liebe; aber auch umgekehrt, was von unbedingter Beständigkeit und Gültigkeit über den Tod hinaus ist: nämlich das, was dem Wort und Leben Jesu entsprechend gelebt worden ist.

Zugleich aber dient die unverstellte Konfrontation mit der richtenden Liebe Gottes dazu, der Gerechtigkeit Gottes endgültig Raum zu schaffen: Gott richtet sein Recht auf, und die menschlichen Verhältnisse werden dadurch »zurecht-gerückt«, wieder richtig »ein-gerichtet«. Unverborgen und ungehindert erscheint Gottes Reich der Gerechtigkeit und des Friedens. Das bedeutet vor allem, daß die Armen und Kleinen dieser Erde, deren Hoffnungen von den Reichen und Mächtigen so oft mißachtet und unterdrückt werden, Gottes ausgleichende Gerechtigkeit erfahren dürfen. Für sie und für alle, die sich in ihrem Leben selbstlos in den Dienst dieser Gerechtigkeit Gottes gestellt haben, wird die Verheißung des Reiches Gottes endgültig erfüllt. Darin liegt der bleibende Sinn der apokalyptischen Gerichtsgleichnisse Jesu: Gott schafft denen endgültig Recht, die unter der menschlichen Ungerechtigkeit und Gewalttätigkeit am meisten gelitten haben. Dadurch kommt es heraus, wer in Wirklichkeit der »Größte« im Reich Gottes ist: eben der, der sich wie ein Kind oder ein Armer restlos auf Gott angewiesen weiß und sich von ihm mit seinem Heil beschenken läßt.

Aber was wird aus den Tätern solcher Ungerechtigkeit und Bosheit, die ja in der Geschichte oft genug alle menschlich vorstellbaren Maße übersteigt? Die positive Möglichkeit des Letzten Gerichts für sie besteht darin, sich von der Liebe Gottes ihres eigenen bösen Tuns »überführen« zu lassen – d.h. sich ohne Flucht in die Verdrängung der Stimme des Gewissens ganz zu öffnen und so die in ihrem Leben und Sterben möglicherweise gegebenen, aber verschütteten Ansätze einer Reue und einer Bereitschaft, sich die Schuld vergeben zu lassen, in einem schmerzlichen Prozeß »ausreifen« zu lassen (s.u. Kap. VI: Das »Fegfeuer«). Dazu bedarf es selbstverständlich entscheidend auch des Vergebungs- und Versöhnungswillens der Opfer. Daß dieser im Gericht Gottes »gegeben« sein wird, nämlich als frei angenommene Anteil-Gabe am Vergebungs- und Versöhnungswillen Gottes, das dürfen wir getrost erhoffen. Darin wird wohl vor allem für die Opfer menschlicher Bosheit ihr schmerzlicher Prozeß der endgültigen Begegnung mit der richtend-rettenden Liebe bestehen, die alle Geschöpfe mit sich und untereinander versöhnen will.

Aber wir müssen auch mit der negativen Möglichkeit des Letzten Gerichtes rechnen: daß sich die schuldig gewordenen Täter einer solchen Versöhnung endgültig verweigern; daß bei ihnen weder im Leben noch im Tod etwas an Einsicht und Reue vorhanden ist, das von Gottes Liebe zum »Ausreifen« gebracht werden kann. Ob je diese schreckliche Möglichkeit auch Wirklichkeit wird, wissen wir nicht. Wir dürfen und sollen das Gegenteil erhoffen; denn »die Liebe hofft alles« (1 Kor 13,7).

Bei den Opfern scheint mir diese negative Möglichkeit einer endgültigen Unversöhnlichkeit weniger plausibel zu sein. Denn sie sind – allein schon durch ihr menschliches Geschick – so eng mit Jesus Christus als einem der ihren verbunden, daß sie in der letzten, unverborgenen Begegnung mit ihm wohl auch seine Vergebungs- und Versöhnungsbereitschaft in sich ganz aufnehmen können, um so auch von sich selbst her zur letzten Versöhnung mit ihrem beschädigten Leben und mit denen, die es verschuldet haben, zu gelangen. Aber auch da gibt es keinerlei Sicherheit, daß es in jedem Fall so kommen wird.

VI. Das »Fegfeuer«: Hölle »auf Zeit« oder Verwandlung durch die läuternde Liebe Gottes?

Das Thema »Fegfeuer« oder »Purgatorium« (Läuterung) hat vom frühen Mittelalter bis in unsere Gegenwart hinein außerordentlich stark die christliche Volksfrömmigkeit bestimmt; sowohl in ihrer berechtigten Anteilnahme am Los der Verstorbenen (den sog. »Armen Seelen«) wie auch in ihrer zuweilen doch recht wuchernden Phantasie, die das »Fegfeuer« als eine zeitlich begrenzte »Vorhölle« und damit als eine (mit lustvollem Schauder ausgemalte) jenseitige Folterkammer angesehen hat. In diesen Bereich fallen natürlich auch die von einer pervertierten kirchlichen Verkündigung gestützten spätmittelalterlichen Mißbräuche mit dem »Ablaß«, durch den die »Armen Seelen« vorzeitig aus dem Fegfeuer befreit werden sollten usw. Auf all das möchte ich jetzt nicht weiter eingehen. Denn heute liegt die Gefahr eher in der umgekehrten Richtung: daß selbst überzeugte Glaubende, die im Einklang mit der kirchlichen Verkündigung fest auf das »Leben der kommenden Welt« hoffen, mit dem Fegfeuer kaum mehr etwas anfangen können. Darum spielt es in der gegenwärtigen Glaubensverkündigung auch fast keine Rolle mehr, was zu bedauern ist; denn es hat – richtig verstanden – einen tiefen, gerade die humane Dimension des Letzten Gerichts noch einmal unterstreichende Bedeutung. Dazu einige Erläuterungen:[79]

1. Die geschichtlichen Ursprünge

Geschichtlich gründet die Lehre von der jenseitigen »Läuterung« (dieser Begriff wird heute meist dem mißverständlichen Wort »Fegfeuer« vorgezogen) in einer doppelten frühkirchlichen Praxis: zum einen im Gebet für die Verstorbenen während der Eucharistiefeier (vor allem im Hochgebet); zum anderen im damals sehr ausgiebigen Bußverfahren für schwere Sünden. Um die Wiederversöhnung des Sünders mit Gott und mit der Gemeinschaft der Glaubenden zu erlangen, mußte der reuige Sünder verschiedene ihm von der Gemeinde auferlegte und von ihr auch durch Gebet und Hilfe begleitete Bußübungen verrichten. Wenn nun ein Mensch (gerade auch in den frühen Christenverfolgungen) starb, bevor er seine Buße ganz erfüllt hatte, glaubte die Kirche, daß ihm auch jenseits des Todes von Gott die Gelegenheit gegeben wird, diese Buße zu Ende zu bringen. Dabei unterstützten die lebenden Glaubenden die Verstorbenen, weil sie auch über den Tod hinaus in der von ihm nicht zu zerstörenden »Gemeinschaft der Heiligen« (= Glaubenden) miteinander verbunden bleiben, eben im gemeinsamen Raum des »Leibes Christi«. In der westlichen Kirche wurde diese Buße vor allem als reinigende Strafe für die Sünde verstanden, in der östlichen Kirche dagegen als ein therapeutischer Heilungs- und Reifungsprozeß vor und nach dem Tod. Dieses Verständnis hat sich in der letzten Zeit auch in der katholischen Theologie weitgehend durchgesetzt. Denn worum geht es bei der (im Konzil von Trient 1563 ausdrücklich verkündeten) Lehre von der »Läuterung« nach dem Tod?

2. Vom schmerzlichen Prozeß, sich die Schuld nachhaltig vergeben zu lassen

Im Grunde wird mit der »Läuterung« ein besonderer Aspekt des Gerichtes noch einmal stärker hervorgehoben: nämlich daß die endgültige Begegnung mit der richtenden Liebe Gottes in und nach dem Tod für den sündigen Menschen (und wer wäre das nicht?) zu einer schmerzlich-reinigenden Konfrontation mit seiner eigenen Lebensgeschichte führen wird – im Angesicht der so oft verletzten und dennoch unendlich barmherzigen Güte. Damit wird eines schon deutlich: Diese Läuterung brauchen wir uns weder als einen bestimmten jenseitigen Ort noch als einen zeitlich gestreckten, nach irdischen Zeitmaßen zu berechnenden Zustand vorzustellen, in dem der gestorbene Mensch eine gewisse Zeit lang irgendwie zwischen Himmel und Hölle verweilt. Nein, die Läuterung gehört bereits auf die Seite des Himmels; sie ist ein inneres Moment der positiven Vollendung, eine Art »Vorhimmel«, der den Menschen für die von seiner Schuld ungetrübte Gemeinschaft mit Gott im Himmel bereiten soll. Unsere irdischen Zeitvorstellungen können wir nicht einfach auf diese Läuterung übertragen. Zeitlich unausgedehnt, aber doch von einer starken Intensität läßt sie den Menschen von seiner irdischen Schuld frei werden, läßt sie das an Reue und Umkehr in ihm »ausreifen«, was er bereits in seinem irdischen Leben begonnen hat.

Hier stellt sich allerdings eine Frage, die gerade von evangelischen Christen an die katholische Auffassung von der Läuterung immer wieder gestellt wird: Bedarf es wirklich dieser postmortalen Läuterung des Menschen als Vorbereitung auf den Himmel? Genügt dazu nicht die reinigende Vergebung Gottes, die er doch jedem Menschen, der seine Schuld bereut, in der Begegnung mit seiner »richtenden« Liebe ohne Vorbehalte schenkt? Selbstverständlich! Die Frage ist nur: Wie kommt diese Vergebung so beim Menschen an, daß sie ihn »nachhaltig« umwandelt und zur beglückenden Begegnung mit Gottes Liebe erst fähig macht? Wie dringt sie in ihn ein, daß er sich von ihr zuinnerst verwandeln läßt, und zwar von einem undankbaren zu einem dankbaren, von einem egozentrischen zu einem beziehungsfähigen Menschen? Vergebung, sei sie von Menschen oder von Gott geschenkt, bläst ja nicht die Schuld einfach weg, macht sie nicht ungeschehen oder vergißt sie. Nein, sie bedeutet eine neue, von Gott her unbedingte Annahme des Menschen als Freund Gottes trotz seiner begangenen Schuld. Diese vergebende Annahme durch Gott erfordert aber, wenn sie den Menschen wirklich umwandelt, auch ein bereitwilliges Mittun von menschlicher Seite aus, also ein aktives Sich-vergeben-Lassen der Schuld, ein aktives Sich-annehmen-, Sich-erneuern- und Sich-heilen-Lassen von Gott.

Ist das denn so schwer? Durchaus! Denn die mitgeschleppten »Altlasten« unserer Schuld, also ihre verderblichen Aus- und Nachwirkungen auf unseren Charakter, unser Verhalten und unsere Beziehungen stecken ja auch noch im Tod und danach tief in uns drin. Unser ganzes Denken, Wollen und Erleben ist gleichsam »imprägniert« von diesem undankbaren Selbstbehauptungswillen des Menschen gegenüber seinem guten Schöpfer. Gegen diesen inneren Widerstand, gegen das auch im Tod noch wirksame »Trägheitsprinzip« der Sünde, die dem Menschen jede wirkliche Umkehr (im Leben wie im Tod!) so erschwert, muß sich die Vergebung Gottes in uns »durchsetzen«.

Die Lehre von der Läuterung stellt darum ein höchst sinnvolles Plädoyer gegen die Vorstellung von der leichten und billigen Vergebung unserer Schuld dar. Sie weiß durchaus, daß es allein Gottes vergebende Liebe ist, die den reuigen Sünder von innen her umwandelt und für den Himmel bereitet. Aber sie rechnet auch sehr realistisch damit, daß der Widerstand des sündigen Menschen dagegen nicht gering ist; daß er darum von Gottes Barmherzigkeit einen Läuterungsprozeß gewährt bekommt, der ihm durchaus weh tut. Denn dabei »brennt« diese Liebe gleichsam alle ihn noch besetzt haltenden Auswirkungen seiner irdischen Schuld aus ihm heraus. Wenn wir also von endgültiger Läuterung nach dem Tod sprechen, meinen wir im Grunde diese menschliche Komponente der Vergebung unserer Schuld durch Gott.

3. Das Gebet für die Verstorbenen und zu ihnen

Auf eine andere Frage möchte ich in diesem Zusammenhang noch etwas eingehen: Wenn die Läuterung nicht zeitlich ausgedehnt und darum auch nicht in Tagen, Monaten und Jahren zu messen ist, welchen Sinn hat es denn dann noch, für die Verstorbenen zu beten, und zwar noch viele Jahre nach ihrem Tod? Sicher hat es nicht den Sinn, ihnen die »Zeit« der Läuterung zu verkürzen; wohl aber, ihnen in ihrem schmerzlichen Läuterungsprozeß, der sie ja durch und durch umwandelt, beizustehen. Im »Leib Christi« sind wir gerade in der Frage unseres endgültigen Heils unlösbar miteinander verbunden; keiner tritt in seinem Tod allein vor Gottes richtende und vergebende Liebe, sondern immer schon in der Gemeinschaft aller Glieder dieses Leibes (der natürlich viel weiter ist als die institutionelle Gestalt der irdischen Kirche). Die betende und liebende Begleitung, die wir nach dem Willen Gottes einander hier auf Erden gewähren sollen, endet keineswegs mit dem Tod. Sie bleibt auch für die Verstorbenen bedeutsam; denn sie kann z.B. mithelfen, ihre Bereitschaft, sich von Gottes vergebender Liebe läutern und verwandeln zu lassen, zu stärken und so wirklich »himmelsfähiger« zu werden.

Darin liegt ja gerade das wunderbare Geheimnis des Heilswillens Gottes: Er bezieht unser solidarisches Tun füreinander mit ein in sein rettendes Handeln an den einzelnen Menschen. Auf diese Weise erhört er unser Beten für die Lebenden wie für die Verstorbenen. Denn seine Erhörung besteht ja nicht darin, daß er zeitlich erst nach unserem Gebet darauf »re-agiert«, sondern daß er immer schon zum Heil jedes Menschen »agiert« und dabei unser (zu welcher Zeit auch immer gesprochenes) Gebet diesem Menschen zugute kommen läßt, wann und wie dieser es für sein Heil braucht. Jesus selbst bringt diese zeitüberlegene Struktur von Gebet und Erhörung auf die prägnante Formel: »Alles, worum ihr betet und bittet – glaubt nur, daß ihr es schon erhalten habt, dann wird es euch zuteil« (Mk 11,24). In Jesus Christus hat Gott uns seinen unbedingten Heilswillen bereits voll und ganz zuteil werden lassen; dahinein »hebt« er unsere Gebete immer neu auf und bezieht sie in sein konkretes Handeln an diesem oder jenem Menschen mit ein. So wird z.B. unser Gebet für einen Verstorbenen diesem sowohl in seinem Leben wie auch in seinem Sterben, also in seiner letzten Begegnung mit der richtend-läuternden Liebe Gottes zugute kommen, ohne daß wir erkennen können, wie das geschieht. Es genügt, auf das »Daß« zu vertrauen und die konkrete »Zuwendung« unseres Betens zum Heil eines Menschen getrost Gott zu überlassen.

Diese selbst im Tod durchtragende Solidarität drückt sich ebenso in unserem Gebet zu den Verstorbenen aus, besonders zu den Heiligen, wenn wir sie um Fürsprache und Hilfe anrufen. Dies hat den Sinn, sie zu bitten, uns jetzt schon an ihrer endgültig versöhnten Gemeinschaft mit Gott auf unsere (irdische) Weise teilnehmen zu lassen, uns also bereits einen »Vorgeschmack« des Himmels in ganz konkreten irdischen Heilserfahrungen kosten zu lassen; oder auch, daß sie uns beistehen, den Weg der schmerzlichen Umkehr und Läuterung nicht ständig aufzuschieben, sondern jetzt schon zu beginnen, und daß sie uns dabei liebend-betend begleiten. Diese vertrauende Gewißheit, in allen für uns so völlig unverfügbaren Situationen unseres Lebens und Sterbens dennoch eingeborgen zu bleiben in die Gemeinschaft der (uns bekannten oder unbekannten) »Freunde Gottes«, gehört mit zum Tröstlichsten der christlichen Hoffnung. Denn diese Verbundenheit verleiht unserem Gottes- und Christusbild so menschlich vertraute Züge; sie wehrt der Angst vor dem dunklen Ende und umgibt uns wie ein großer Schutzmantel auch in der Stunde unseres Todes.

VII. Der »Himmel«: Ewige Ruhe oder erfülltes Leben durch die versöhnende Liebe Gottes?

Viele Jahre hindurch habe ich eine tiefgläubige Frau bis zu ihrem Tod im hohen Alter begleitet. Wir kamen oft auf den Himmel zu sprechen; denn sie sehnte sich angesichts der zunehmenden Mühseligkeiten des Alters sehr nach dem Tod, vor allem weil er ihr – wie sie ganz zuversichtlich erwartete – die Anschauung Gottes des Vaters »von Angesicht zu Angesicht« bringen werde. Diese Aussicht war der eigentliche Lebensmotor ihrer letzten Jahre, die ansonsten sehr von körperlichen Gebrechen, von zunehmender Einsamkeit, aber auch von quälender Bitterkeit über so viel »ungelebtes Leben« in ihrer eigenen Lebensgeschichte bestimmt waren. Darunter litt sie am meisten. In unseren Gesprächen ging es fast nur noch darum, sie zur Versöhnung mit ihrem eigenen Leben und mit den Menschen, unter denen sie gelitten hatte, zu ermutigen. Ganz langsam gelang ihr dies; sie konnte ihre an Enttäuschungen so reiche Biographie allmählich annehmen, konnte Vorwürfe und Traurigkeit loslassen und ihr Leben, so wie es gelaufen war, gelassen in die Hand Gottes legen. Sobald sie zu dieser Einstellung gelangt war, konnte sie auch endlich sterben: Sie war bereit für den »Himmel«.

1. Das Fest der versöhnten Schöpfung

Was verstehen wir im christlichen Glauben unter »Himmel«?[80] Sicher nicht einen überirdischen Raum oder einen jenseitigen Glückszustand, in dem all unsere Träume und Sehnsüchte nach Art eines Schlaraffenlandes erfüllt werden. Nein, wenn wir im biblisch-christlichen Sinn vom Himmel sprechen, meinen wir das uns von Gott zugedachte Ziel der persönlichen und universalen Geschichte; also das endgültige, rundum beseligende »Aufgehobensein« in der Gemeinschaft mit Gott und dem ganzen Leib Christi, ja der ganzen Schöpfung (s.o. Kap. IV. 4). Davon war inzwischen schon oft die Rede. »Himmel« ist im Grunde ein anderes Wort für »Vollendung«, insofern deren beglückender Charakter hervorgehoben werden soll.

Quelle und Mitte dieser Seligkeit der Vollendung ist Gottes versöhnende Liebe, die uns in Christus bereits innergeschichtlich erschienen ist und nun in ihrer ungehinderten Wirksamkeit offenbar wird. Versöhnende Liebe: Weil wir von Gott umfassend angenommen sind und wir uns auch endlich völlig ungehindert und unverkrampft von ihm annehmen lassen können, darum wird uns das Geschenk der Versöhnung auf allen Ebenen unseres Menschseins zuteil: Versöhnung mit Gott und seinem oft so unverständlichen, uns in Zweifel und Dunkelheit stürzenden Wirken in der Geschichte; Versöhnung mit uns selbst, unserer eigenen Lebensgeschichte, den vielen Verletzungen und den versäumten Lebenschancen, so daß wir die Wahrheit des Bonhoeffer-Wortes voll begreifen können: »Es gibt erfülltes Leben trotz vieler unerfüllter Wünsche«; Versöhnung auch mit den anderen Menschen, denen wir oder die uns das Leben oft schwer machten, so daß wir jetzt wirklich mit allen in der von Jesus ausgehenden Freundschaft des Leibes Christi verbunden sein können (dazu eine kleine Anekdote von Karl Barth: Als er gefragt wurde, ob wir im Himmel unsere Lieben wiedersehen werden, antwortete er: »Nicht nur unsere Lieben ...«). Versöhnung aber auch unter den Völkern, Rassen, Kulturen und Religionen, deren Fremdheit (nicht ihr Anders-Sein!) durch die unmittelbare, von allen erfahrbare Präsenz der Liebe Gottes endlich aufgehoben wird; Versöhnung schließlich in und mit der ganzen Schöpfung, mit den anderen Geschöpfen, die von uns Menschen oft ausschließlich unter ihrem Nutz- oder Genußwert gesehen werden, von Gott aber zusammen mit uns zum Leben im großen »Schalom« des Himmels berufen sind.

Diesen letzten Aspekt beschreibt der Salzburger Theologe Gottfried Bachl so: »Der Himmel ist die Möglichkeit der Geschöpfe, ein Fest zu feiern, ohne den Tod zu brauchen, ohne einander zu fressen ... Er ist die Befreiung vom Zwang des Nutzens, von der Nötigung, andere Geschöpfe zu Mitteln machen zu müssen, um die eigene Identität erhalten zu können ... An die Stelle des tödlichen Gebrauchens tritt die Freude am nutzlosen Dasein, und die dunkle, zwingende Materie wird ganz zum Ort der Freiheit.«[81] Erst auf den Himmel trifft das Wort des hl. Ambrosius ganz ohne Abstriche zu: »Wo Liebe sich freut, da ist ein Fest«; eben das nie endende Fest der versöhnten Schöpfung, das Fest, das uns der auferstandene Christus in seinem verklärten Leib bereitet. Die Offenbarung des Johannes nennt es die »Hochzeit des Lammes« (Offb 19,7.9), die Gott mit seiner Schöpfung im »himmlischen Jerusalem« feiern will (Offb 21 u. 22). In dieses Fest wird all das mit einbezogen, was uns auch jetzt schon in unserem irdischen Leben mit dankbarer Freude erfüllt, was unsere mitlachende und mitweinende Sympathie weckt, ja, was uns einfach zutiefst menschlich sein läßt. Dazu gehört auch all das Schmerzliche, was von diesem Leben hier erst im Licht der versöhnenden Liebe Gottes »ganz und heil« werden kann. Diese Liebe befreit uns eben zu einer letzten Zustimmung zu allem, was mit uns geschehen ist. Endlich können wir dann vorbehaltlos Ja sagen und unsererseits zusammen mit allen Geschöpfen einstimmen in das dankbare »Lob Gottes«, der seinem am Anfang der Schöpfung gesprochenen Ja bis zum Ende treu bleibt.

2. »Leben in Fülle«: Weder ewiger Stillstand noch endloses Weitergehen

Ein so verstandener »Himmel« grenzt sich eindeutig von den vielen Mißverständnissen ab, die innerhalb und außerhalb des Christentums über den Himmel im Umlauf sind:

(1) Das Bild von der »ewigen Ruhe« stimmt nur unter der einen Rücksicht, daß die irdische Mühsal im Himmel ein Ende haben wird und wir uns davon ausruhen können (was ja auch schon etwas ist ...). Ansonsten aber verkürzt es ungebührlich stark den reichen Sinngehalt des Himmels; es gleicht ihn vorstellungsmäßig zu sehr der Ruhe im Grab an, als ob der dort »ruhende« Leichnam einfachhin identisch sei mit dem in Gottes Leben »aufgehobenen« Menschen.

(2) Andere (vor allem spiritistisch angehauchte Kreise) stellen sich den Himmel schlicht als unendliches Weitergehen aller Annehmlichkeiten des irdischen Privatlebens vor, nur auf einer höheren, vergeistigteren Ebene: Spiel und Sport, fröhliches Familienleben und entspannende Urlaubsreisen, Erotik und Ästhetik usw. werden den Himmel zu einem wahren Paradies machen, ohne daß dabei allerdings Gott oder Christus oder die »Gemeinschaft der Heiligen« eine besondere Rolle spielen.[82]

Eine solche Verlängerung und Potenzierung des irdischen Genießens in einem jenseitigen Himmel hat allerdings nicht allzu viel mit der christlichen Himmelsvorstellung zu tun. Für uns bedeutet Himmel nicht Verlängerung oder Steigerung, sondern Vollendung des irdischen Lebens; jedoch mitnichten in einen ewig fixierten Stillstand hinein, sondern in die ungehinderte Teilnahme am äußerst bewegten, für uns absolut nicht auszuschöpfenden, im Gegenteil für immer neue, beglückende Überraschungen offenen Leben des dreieinen Gottes und der darin eingeborgenen versöhnten Schöpfung (siehe das Gedicht von M. L. Kaschnitz am Anfang!). Diese Teilhabe an der Fülle des unendlich-kreativen Lebens Gottes eröffnet uns einen unabschließbaren, dennoch nicht zeitlich ausgedehnten Prozeß des immer tieferen Hineinreifens in das Leben Gottes hinein. Dabei wird keineswegs all das »verschlungen«, was uns hier im irdischen Leben beglückt und was wir auch vom Himmel erhoffen; als ob am Ende nur noch »Gott und die

Seelen« Platz hätten. Eine absurde Vorstellung! Als Quelle aller Liebe und Freundschaft kann Gottes Liebe am Ende nicht wie ein Moloch auftreten, der alles andere neben sich ausschaltet und exklusiv das Glück des Menschen sein will. Genau das Gegenteil ist der Fall: Jede Freude des Menschen an dieser Welt, an Gottes guter Schöpfung wird im Himmel Raum haben – wenn sie wirklich in das Fest der versöhnten Schöpfung hineinpaßt, wenn sie sich in das heilige »Spiel« der wechselseitigen Sympathie zwischen dem Schöpfer und seinen Geschöpfen hineinziehen läßt. Alles andere, was damit nicht irgendwie »kompatibel« ist, erübrigt sich in der Freude dieses Festes von allein; es wird wohl von keinem der Mitfeiernden mehr vermißt.

VIII. »Allversöhnung« oder endgültige Scheidung zwischen Himmel und Hölle?

1. Gegen die falschen Sicherheiten beim Thema »Hölle«

Wenn ich in Vorträgen oder Bibelkreisen auf das Thema »Hölle« zu sprechen komme, bilden sich schnell zwei klare Fronten heraus: Die einen sind sich ganz sicher, daß es die Hölle tatsächlich gibt und – aus Gründen der Gerechtigkeit – auch geben muß. Sie sind überzeugt, daß ziemlich viele Menschen in diesem Zustand ewiger Verdammnis existieren; als Beispiele werden meist Judas, Hitler, Stalin und ähnliche Namen genannt. Sie können sich dabei auch auf eine lange christliche Tradition berufen, die von Augustinus an stets eine große Masse von Menschen in der Hölle vermutete (eben die »massa damnata«).

Für die anderen dagegen steht es genauso sicher fest, daß es die Hölle gar nicht geben kann. Denn zum einen vertrage sie sich absolut nicht mit der unendlichen Liebe Gottes; und zum anderen wäre sie ein Zeichen dafür, daß Gottes allumfassender Heilswille nicht zum Ziel kommt und damit letztlich scheitert, was aber der Allmacht der Liebe Gottes widerspricht. Auch diese Auffassung kann sich auf viele griechische (also ostkirchliche) Kirchenväter der ersten Jahrhunderte stützen (wie z.B. Origenes, Gregor von Nyssa, Gregor von Nazianz u.a.), die mehr oder weniger ausdrücklich die Lehre von der »Allversöhnung« (»Apokatastasis«) vertraten. Sie wurde allerdings – in der Fassung des Origenes – von einer Synode in Konstantinopel im Jahr 543 kirchlich verurteilt.

Wie dem auch sei: Für die meisten Theologen heute gibt

es in dieser Frage keine eindeutige Sicherheit, ob es die Hölle tatsächlich gibt oder nicht. Denn hier liegt ein echter Grenzfall theologischen Erkennens vor; das heißt, wir sind nicht in der Lage zu erkennen, wie sich am Ende einerseits Gottes barmherziger und mächtiger Heilswille für alle und eine möglicherweise sich endgültig verfestigende Freiheit des Menschen zum Bösen andererseits so miteinander vereinbaren lassen, daß keine der beiden Seiten eingeschränkt werden muß. Aber auch wenn es da keine theoretische Klarheit geben kann, so ist der Rahmen, innerhalb dessen das Sprechen von der Hölle christlich verantwortbar ist, doch eindeutig: Es ist die Liebe, die alles und für alle hofft (vgl. 1 Kor 13,7); und zwar im Geist Jesu Christi, der menschgewordenen und in alle »Höllen« menschlicher Gottverlassenheit hinabgestiegenen Liebe Gottes. Ihr darf man getrost alles zutrauen, auch daß sie die Hölle »leer« liebt.

2. Der Ernst des irdischen Lebens: Entscheidungszeit

Eine solche starke Hoffnung ist auf keinen Fall zu verwechseln mit einem leichtfüßigen End-Optimismus (»Es wird schon alles irgendwie gutgehen« oder »Wir kommen alle, alle in den Himmel ...«). Es geht in dieser Frage um das ganze Gewicht und die Würde unseres irdischen Lebens, um sein endgültiges Gelingen oder Scheitern. Dafür spielt aber, soweit wir es bewußt und willentlich bestimmen können, die sich durch alle einzelnen Lebensvollzüge wie ein roter Faden hindurchziehende Grundrichtung unseres Lebens eine entscheidende Rolle: nämlich ob wir es ausrichten auf das Empfangen und Tun der Gottes- und Nächstenliebe hin oder nicht, mag dies noch so unausdrücklich und implizit geschehen. Diese Grundrichtung eines Lebens wird im Tod end-gültig; sie kann zwar danach – im Angesicht der Liebe Gottes – im positiven Fall noch weiter »ausreifen« und alle einzelnen Dimensionen des Menschseins ergreifen; aber sie kann nicht mehr einfach in ihr Gegenteil verkehrt werden. Das würde das irdische Leben, den »Pilgerstand«, völlig entwerten und auch der Botschaft Jesu widersprechen. Denn für den christlichen Glauben ist gerade dieses einmalige irdische Leben die Zeit der Entscheidung über Heil oder Unheil (vgl. Mt 25!). Die Vollendung nach dem Tod bedeutet demgegenüber Leben in der ein für allemal geltenden Entschiedenheit.

Allerdings darf der Ernst der irdischen Entscheidungszeit nun umgekehrt auch nicht die Hoffnung für alle (und damit auch für uns selbst) so schwächen, daß sie der Angst oder einem tiefen Pessimismus weicht. Hans Urs von Balthasar hat für diesen Balanceakt der christlichen Hoffnung die Formel geprägt: Sie ist eine »Hoffnung, die der Furcht nicht entbehrt«, eben der Furcht vor dem möglichen Scheitern meines eigenen oder eines anderen Menschen Lebens. Eine solche Furcht ist etwas anderes als die Angst vor der Hölle, die immer wieder geschürt wurde und wird, und die einem Menschen oft alle Freude am Leben und am Glauben, ja auch die ganze Vorfreude auf die Vollendung rauben kann. Nein, die Furcht als Bestandteil einer starken Hoffnung sorgt dafür, daß diese Hoffnung nicht umkippt in eine falsche, leichtfertige Sicherheit; daß sie realistisch bleibt, indem sie die schrecklichen Möglichkeiten des Menschen zum Bösen (vor allem meine eigenen!) klarsichtig in Betracht zieht.[83]

Was verstehen wir im christlichen Glauben eigentlich unter »Hölle«? Ich möchte dazu einige theologische Überlegungen vortragen, und zwar immer in Beziehung zu ihrem Gegenteil, zum Himmel. Denn erst der Kontrast läßt das mit »Hölle« Gemeinte deutlich genug hervortreten.

3. Himmel und Hölle: Keine gleichrangige Alternative

Die Verbindung dieser beiden Worte durch das kleine, harmlose Wörtchen »und« legt die Vorstellung nahe, als ob »Himmel und Hölle« eine grundsätzlich gleichrangige Alternative des menschlichen Endschicksals wären. Etwa nach dem Schema: Für die einen, die »Guten«, steht der Himmel als ewige, beseligende Gemeinschaft mit Gott bereit, für die anderen, die »Bösen«, die Hölle als endgültiges, schmerzvolles Getrenntsein von Gott und den Menschen. So als ob Gott »darüber« stünde und beides, Lohn und Strafe, von außen und von oben zuteile. Wir sahen aber schon beim Thema »Gericht«, daß es sich zum Glück nicht so simpel mit diesen beiden »Aussichten« der christlichen Hoffnung verhält. Leben, Tod und Auferstehung Jesu vermitteln eben ein ganz anderes Gottesbild und damit auch eine andere Sicht der Vollendung.

Danach gibt es für alle Menschen nur eine letzte Zielbestimmung; und zwar sowohl von Gottes Heilswillen her, der alle Geschöpfe umfaßt, wie auch von unserer menschlichen Natur her, die sich zutiefst nach Leben und Erfüllung sehnt: nämlich den Himmel als endgültiges Ankommen aller noch so verworrenen Lebenswege im Leben Gottes. Allein dazu, zu einem ganz und gar versöhnten Leben sind wir von Gott geschaffen und berufen – jeder ohne Ausnahme. Und da sind wir auch in unserem Glauben gewiß, daß mit und durch Christus schon sehr viele Menschen, eben die Gemeinschaft der großen und kleinen, bekannten und unbekannten Heiligen an diesem guten Ziel angekommen sind und immer wieder ankommen.

Die Hölle dagegen steht in unserem Glauben auf einer ganz anderen Stufe: Sie hat keinen eigenen Inhalt oder Sinn, den Gott alternativ zum Himmel danebenstellen würde. Nein, sie ist nichts anderes als das schuldhafte Verfehlen dieses guten Ziels, das endgültige Nein und Sich-Abschließen gegen alle Lockrufe der Liebe Gottes und gegen die innerste Grundrichtung unseres Daseins; eine reine Anti-Haltung, und deswegen im Grunde viel schwerer durchzuhalten: eben nur im totalen Widerspruch zu uns selbst und zu Gottes versöhnender Liebe.[84]

Deswegen haben wir auch im Glauben keinerlei Gewißheit, ob überhaupt jemals ein Mensch aus eigener Schuld sein Lebensziel so völlig verfehlt hat oder verfehlen wird, daß er sich selbst zur Hölle wird. Von keinem Menschen hat die Kirche das jemals gesagt, und sie darf es auch nicht.

Sicher, angesichts der schrecklichen Grausamkeiten und Bosheiten, zu denen Menschen fähig sind, wo wir nur sprachlos erschaudern können vor der Abgründigkeit des menschlichen Herzens (»wie können Menschen nur so böse sein?«), da mag es uns oft sehr wahrscheinlich vorkommen, daß es doch so etwas wie ein totales Abschotten gegen jede menschlich-göttliche Regung von Liebe geben kann. Wir müssen – von den möglichen Verirrungen der menschlichen Freiheit her – realistisch mit der Möglichkeit der Hölle rechnen, ohne sie jemandem in offener oder heimlicher Rachsucht zu wünschen. Wenn diese Möglichkeit eintreten sollte (was wir für niemanden erwarten sollen!), bleibt sie aber dennoch für Gottes Liebe und für unsere sich ihr verdankende Natur die absolut unerwünschte Abweichung von der Regel, und nicht das »Normale«. Denn allen Geschöpfen ist »Leben in Fülle«, Himmel verheißen, und nur wer sich ganz bewußt und freiwillig gegen dieses Geschenk sperrt, der schafft sich selbst die Hölle. Sie wird ihm nicht von Gott zugeteilt. Gott teilt nur sich selbst den Menschen mit; »Hölle« dagegen ist allein das radikale Nein des Menschen gegenüber diesem Geschenk.

In dieser Deutung klingt das Thema »Himmel und Hölle« schon etwas humaner als in vielen Höllengemälden oder Höllenpredigten vergangener Epochen, wo die Hölle meist als eine überbevölkerte jenseitige Folterkammer ausgemalt wurde, in der sehr wahrscheinlich die meisten Menschen einmal enden würden. Sie sollten durch Angst vor diesem schrecklichen Ende zum Glauben und zum Einhalten der Gebote motiviert werden. Diese Zeiten sind glücklicherweise im allgemeinen vorbei (von einigen kirchlichen Randgruppen und Sekten abgesehen).

Und trotzdem: Für viele unserer Zeitgenossen hat das Reden von »Hölle« überhaupt, auch nur als Möglichkeit unserer Freiheit, den Beigeschmack einer überholten, ja barbarischen Religiosität. Was soll das für eine ewige Seligkeit im Himmel sein, wenn zugleich davon einige Menschen endgültig ausgeschlossen sein können? Haben da nicht die modernen esoterischen und naturmystischen Strömungen im Umfeld von New Age und der westlichen Wiedergeburtslehre mehr an humaner Hoffnung zu bieten, wenn sie die Zukunft als eine große kosmische Harmonie verkünden, als eine »Allversöhnung«, wo alle destruktiven Kräfte »transformiert« werden, und alle positiven Energien des (menschlichen, tierischen, pflanzlichen) Lebens, ja allen Seins überhaupt einmünden in den großen Strom des Lebens? Hebt nicht die gewaltige Lebenskraft der Natur allmählich selbst alles Böse auf und bringt so die ganze Schöpfung zu einer umfassenden Versöhnung in dem einen kosmischen Bewußtsein der universalen Vernetzung aller mit allem? Ist nicht endlich die Zeit der großen Scheidungen zwischen Gut und Böse, zwischen Himmel und Hölle, zwischen Gott und Welt, zwischen Mensch und Natur zu Ende? Warum hält das Christentum so zäh und so gegen alle Plausibilitäten unserer Zeit, die sich nach letzter Einheit und Harmonie sehnt, noch immer an dieser Möglichkeit der großen endgültigen »Scheidung« zwischen Himmel und Hölle fest?[85]

4. Warum es die Hölle geben kann

a) Die freiheitsermöglichende Sympathie Gottes

Die Antwort auf diese eindringlichen Fragen unserer Zeitgenossen steht und fällt mit der personalen Grunderfahrung, von der der christliche Glaube lebt. Was heißt das? Nun, wenn mich einer fragt: »Was gehört für Dich zu den schönsten Erfahrungen Deines Lebens?«, dann kann ich nur aus voller Überzeugung sagen: Es ist die Erfahrung, ganz spontan und frei geliebt zu werden, ohne daß ich viel dafür kann oder leiste oder mir verdient habe, einfach so, wie ich bin und weil ich so bin. Von solchen Erfahrungen lebe ich; sie sind es, die in mir die Gewißheit des Glaubens vertiefen, daß in allen Dingen unserer Welt nicht bloß ein großer, überpersonaler »Lebens- und Energiestrom« pulsiert, in den ich mich einfach hineinzugeben brauche, um von ihm, von der Kraft der Natur selbst zu einem versöhnten, harmonischen Leben gebracht zu werden. Die Natur bleibt letztlich ambivalent: Leben erhaltend und Leben zerstörend. Dagegen können die im Erleben von unverdienter Freundschaft geübten Augen des Glaubens noch eine Dimension tiefer sehen; nämlich daß in allen Dingen und über allen Dingen ein Du lebt. Natürlich nicht so wie ein menschliches Ich oder Du; eher wie eine Kraft unendlicher Sympathie, die sich der ganzen Schöpfung frei, von sich aus bejahend zu-neigt und deswegen alles Leben und Sein so unendlich kostbar, liebenswert sein läßt. Diese Sympathie ist es letztlich, die wir in den vielen Formen unserer Sehnsucht nach Glück, nach Zärtlichkeit, nach Geborgenheit, nach Leben und Sinn als innerste Essenz von all dem anzielen, ob wir darum wissen oder nicht. Wir nennen diese sich allem zuwendende Sympathie, diese alles Sein bejahende Liebe »Gott«.

Und an ihr liegt es, genauer: an unserer Beziehung zu ihr, daß unser Leben – hier auf Erden und nach dem Tod – zum »Himmel« oder zur »Hölle« werden kann. Denn was meinen wir mit »Himmel« anderes als die angenommene, in unser Leben zutiefst hineingelassene, es gleichsam imprägnierende und alles Zerrissene wieder versöhnende Sympathie Gottes? Und was ist »Hölle« anderes als ein Leben im eigensinnig festgehaltenen Ausschlagen dieser Liebe?

b) Auch am Ende keine zwingende Evidenz

Aber – möchte man zurückfragen – kann die Liebe Gottes dieses eigen- und unsinnige Nein eines Menschen nicht verhindern oder aufheben? Das hoffen wir natürlich! Aber wir müssen auch die Gegenmöglichkeit ganz ernst nehmen; denn Liebe kann nur da heilen, wo sie angenommen wird, wo ihr einladendes Wort auf ein offenes Herz trifft. Wo man sich ihr total verschließt, kann sie die Selbstzerstörung eines Lebens nicht verhindern; da stößt sie an ihre selbstgesetzten Grenzen, auch die Liebe Gottes! Denn als Urform aller Liebe überwältigt gerade sie die Freiheit des anderen nicht. Seine Liebe setzt sich niemals – auch nicht im Tod – souverän über das Nein des Menschen hinweg. Sie schmelzt nicht das Eis der Selbstbehauptung einfach wie die Frühjahrssonne weg. Sie wird auch in der letzten, unverborgenen Begegnung im Tod nicht zu einer zwingenden Evidenz. Nein, die Sympathie Gottes bleibt auch dann, wenn sie sich als tiefster Grund und Sinn aller Wirklichkeit ganz offen zeigt, das, was sie hier auf Erden schon war: die Einladung zur Freundschaft mit ihr und der ganzen Schöpfung; eine Einladung, die sich bis zum letzten demütig dem Ja oder Nein des Geschöpfes aussetzt.

Weil es diese freiheitsbewahrende, diese »unendlich verhaltene« (R. Schutz) Liebe auf dem Grund aller Dinge und Geschehnisse gibt, darum gibt es keine Vorweg-Garantie für eine allumgreifende Harmonie beim Finale der Weltgeschichte. Im Gegenteil: Diese Liebe ist gerade der Grund dafür, daß am Ende zumindest prinzipiell auch die (nach Edith Stein faktisch »unendlich unwahrscheinliche«) Möglichkeit zum freien Nein, zum negativen Ausgang einer Lebensgeschichte bleibt.[86] Denn auch Gottes Liebe freut sich nur an einer Gegenliebe, die frei geschenkt wird; die nicht irgendwie naturwüchsig, ohne daß es überhaupt anders ginge, im allgemeinen Lebensstrom zu ihr zurückströmt oder von ihr selbst unwiderstehlich zu ihr zurückgelenkt würde. Wegen dieser wunderbaren Freiheit der spontanen Liebe nimmt Gott auch ein mögliches Nein in Kauf und wahrt so die Würde der menschlichen Freiheit.

Diese Möglichkeit, Gottes Liebe abzulehnen, können auch noch so viele Wiedergeburten nicht aus dem Weg schaffen. Solange es Freiheit hier auf der Erde gibt, bleibt ihr auch die Möglichkeit zum Nein; das gehört zum Wesen endlicher Freiheit, die sich darum auch nicht einfach »mit der Zeit« (und mag sie noch so lang dauern) darüber hinaus »entwickeln« kann. Deswegen bringt die Wiedergeburtslehre auch beim Thema Hölle nichts Hoffnungsvolleres für den, der an eine personale Liebe Gottes und an ihr Werben um das freie menschliche Ja glaubt. Ich möchte das Gesagte ein wenig veranschaulichen durch ein literarisches Beispiel:

c) »Ich will keine Barmherzigkeit, ich will mein Recht!«

In seiner fiktiven Traumdichtung »Die große Scheidung« läßt der anglikanische Schriftsteller C. S. Lewis eine Gruppe ganz normaler Menschen aus einem Zustand der »Vorhölle« zu den hellen, freundlichen Eingangsgefilden des Himmels kommen. Dort werden sie von bereits vollendeten, im Himmel lebenden Menschen in Empfang genommen, die sie von ihrem Leben her kannten und die sie einstimmen sollen auf den entscheidenden Übergang zum Himmel. Die Gespräche zwischen den Abholenden und den Neuankömmlingen beleuchten sehr realistisch die Abgründe der menschlichen Verstocktheit, wodurch einem die Möglichkeit des Nein selbst angesichts des Himmels, also angesichts der versöhnenden Liebe Gottes sehr plastisch aufgehen kann. Ich möchte eines dieser Gespräche verkürzt wiedergeben. Da kommt ein Mann in dieses Vorfeld des Himmels, der sich auf Erden in seinem Betrieb abgerackert hat, und er wird jetzt zu seiner unangenehmen Überraschung abgeholt von einem seiner früheren Angestellten, der wegen Mordes an einem anderen Mitarbeiter lange im Gefängnis saß. Daß dieser Mann, den er zeitlebens verachtet hat, Vergebung gefunden hat und jetzt hier ist, das geht ihm offenbar nicht in den Kopf.

»Nun sieh mich mal an«, sagte der Mann und schlug sich auf die Brust, »ich bin als ein aufrechter Mann durchs Leben gegangen. Ich behaupte nicht, daß ich ein frommer Mann war oder daß ich keine Fehler hatte – durchaus nicht. Aber ich habe mein Bestes getan all mein Leben lang, verstanden? Ich habe mein Bestes getan für jedermann, so einer war ich. Ich habe nichts haben wollen, was mir nicht von Rechts wegen gehörte. Wenn ich was trinken wollte, habe ich dafür bezahlt, und wenn ich meinen Lohn nahm, habe ich dafür gearbeitet, verstanden? So einer war ich, und meinetwegen kann das jeder hören. ... Und ich muß mein Recht haben, gerade wie du, verstanden?« »O nein, so schlimm steht es nicht. Hätte ich bekommen, was mein Recht ist, wäre ich nicht hier. Und auch du wirst nicht dein Recht bekommen, keine Sorge, sondern etwas viel Besseres.«
»Ja, das sage ich doch gerade. Mein Recht habe ich nicht bekommen. Immer habe ich mein Bestes getan, und nichts Unrechtes habe ich mir zuschulden kommen lassen. ... Ich will bloß mein Recht haben. Ich habe nicht um irgend jemandes kreuzverdammte Barmherzigkeit gebeten.«
»Dann tu es. Tu's sogleich. Bitte um die zum Kreuz verdammte Barmherzigkeit. Alles kann hier durch Bitten erlangt werden, nichts durch Kauf.«
»Nun schön, das mag ja alles für dich das Wahre sein. Wenn die es für richtig halten, einen dreckigen Mörder hereinzulassen, bloß weil er im letzten Augenblick ein Jammermaul gezogen hat, das ist ihre Sache. Aber ich habe nicht die Absicht, dir Gesellschaft zu leisten, verstanden? Warum auch? Ich will keine Barmherzigkeit. Ich bin ein anständiger Mann, und hätte ich mein Recht bekommen, dann wäre ich längst hier.«[87]

»Ich will keine Barmherzigkeit, ich will mein Recht!« Ist uns diese Grundhaltung wirklich so fremd? Können wir es ertragen, den tiefsten Wert unserer Person und unseres Lebens uns schenken zu lassen? Am Ende, wenn wir uns redlich abgemüht haben, dennoch zu sagen: »Ich steh vor Dir mit leeren Händen, Herr ... füll Du sie mir mit Leben und Heil«?

»Hölle« bezeichnet genau die Möglichkeit der entgegengesetzten Option: sich den Sinn seines Lebens und damit auch seiner Vollendung nicht durch Gottes und der Menschen Liebe schenken zu lassen, sondern es allein durch sich selbst zu erlangen. Wer das zur Grundrichtung seines Lebens macht, wer daran im Leben und Sterben festhält, der will und kann von Gott nichts er-halten; er kann nur sich selbst be-halten. Mit Recht hat darum Simone Weil die Hölle einmal als »Illusion des Paradieses« bezeichnet, das heißt als bis zuletzt festgehaltene Selbsttäuschung, ich könne mir selbst durch meine Leistungen zum »Himmel« werden. Eine solche negative Endgültigkeit, die jede wirklich liebende Kommunikation mit Gott und den anderen Geschöpfen bewußt verweigert, stellt das pure Gegenbild von vollendetem Leben dar. Sie kann nur gedacht werden als die sich zum Nein verfestigende Erstarrung allen Lebens und aller Beziehung in einer absolut gesetzten Egozentrik. Konsequent hat darum Dante in seiner »Göttlichen Komödie« den innersten Bezirk der Hölle als einen großen Eisblock dargestellt: Existenz in selbstgewählter, tödlicher Isolierung.[88]

d) Das Auslöschen einer verfehlten Existenz – eine humanere Alternative zur Hölle?

Angenommen, ein Mensch verharre endgültig und frei entschieden in diesem Nein, wäre es dann nicht gnädiger und »humaner« von Gott, seine Existenz einfach auszulöschen, sie zu »annihilieren«, zumal wenn der Betreffende es selbst wünschen und eine solche »postmortale Selbsttötung« seiner illusionären Selbstbehauptung vorziehen würde? So lautet in etwa der Vorschlag des amerikanischen Religionsphilosophen J. Kvanvig. Das klingt recht vernünftig, ist aber nicht so leicht zu verwirklichen, auch nicht für Gott. Denn er würde dann in einen Widerspruch zu sich selbst geraten. Jeder Mensch existiert ja gerade dadurch, daß Gott, sein Schöpfer, ein unbedingtes und unwiderruflich treues Ja zu ihm spricht. Das erst läßt ihn als einzigartige und »unzerstörbare« Person entstehen, und das erhält ihn auch in seinem Dasein, selbst über den Tod hinaus. Wenn Gott nun die Existenz eines Menschen schlechthin auslöschen wollte, müßte er dieses Ja zurückziehen. Das bedeutet aber: Er müßte sich quasi selbst revidieren und die Unbedingtheit seiner Treue aufheben. Das würde aber offensichtlich einen inneren Widerspruch in Gott selbst hineintragen und damit sein Gottsein zerstören.

Aber auch vom Menschen her ist eine völlige Auslöschung kaum denkbar; denn zumindest seine ganze vergangene Lebensgeschichte mit ihrer Verflochtenheit in viele andere Lebensgeschichten kann auf keinen Fall ungeschehen gemacht werden. In dem, was er für das Leben dieser anderen (positiv wie negativ) bedeutet hat, lebt er unweigerlich weiter, bildet er ein unauslöschbares Moment auch ihrer vollendeten Existenz. Es wird darum dem realen Gewicht der irdischen Lebens- und Entscheidungszeit nicht gerecht, wenn es die Möglichkeit endgültigen Verlöschens gäbe. Es wäre wie ein würdeloses Sich-davon-Stehlen aus der endgültigen Verantwortung für sein Leben und Tun. Genau dies spricht auch gegen die Idee, daß Gott ja den Betreffenden nicht auslöschen müsse, sondern ihm nur eine völlige Bewußtlosigkeit gewähren könnte, eine Art »ewiges Koma«. All diese recht human klingenden Spekulationen verharmlosen aber sowohl das unbedingte Ja Gottes zum Menschen als auch dessen unabtretbare Verantwortung für sein Leben, so wie er es hier auf Erden gelebt hat. »Gewichtserleichterungen« in beiden Richtungen setzen unausweichlich die Würde Gottes und des Menschen aufs Spiel.

Die christliche Hoffnung bringt darum Gottes Barmherzigkeit auf eine andere Weise zur Geltung. Wenn wirklich ein Mensch von sich aus alle liebende Beziehung zu Gott und den anderen Geschöpfen endgültig verweigern sollte, so ist er dennoch von Gott her nicht einfach aufgegeben. H. U. v. Balthasar hat in seiner »Theologie des Karsamstags« den »Abstieg Jesu in das Reich des Todes« (= Hölle) so gedeutet, daß in der Gottverlassenheit Jesu am Kreuz die menschgewordene Liebe Gottes auch den Abgrund des sich Gott verweigernden Nein stellvertretend für die Sünder an sich selbst erlitten hat.[89] In dieser äußersten Solidarität Jesu mit denen, die alle Solidarität verweigern, bleibt Gott auch in der Hölle gegenwärtig. So läßt sich Psalm 139,8 ganz neu verstehen: »Steige ich hinauf in den Himmel, so bist du dort, bette ich mich in der Unterwelt, bist du zugegen.« Es gibt seit Tod und Auferstehung Jesu keinen »gottlosen« Ort mehr in dieser Welt. Wie diese einfache, den Sündern nicht zu seinem Heil zwingen-wollende Präsenz der Treue Gottes von dem betreffenden Menschen selbst erfahren wird, ob sie gar seine Verschlossenheit »von innen« heraus, aus der Mitte seiner eigenen Freiheit auflösen und unter dem harten Nein eine andere, verschüttete Richtung seines Lebens ans Licht und zum »Ausreifen« bringen kann, darüber läßt sich von der theologischen Reflexion her nichts aussagen. Aber hoffen dürfen und sollen wir es allemal.

5. Können Himmel und Hölle zugleich existieren?

Im vorigen Kapitel nannten wir den Himmel das »Fest der versöhnten Schöpfung«. Im Zusammenhang mit dem Thema Hölle kann gegen diese Charakterisierung ein ernstzunehmender Einwand auftauchen: Wie können Menschen ein solches Fest der Versöhnung feiern, wenn tatsächlich andere Menschen, die ihnen vielleicht sehr verbunden waren und sind, sich definitiv davon ausschließen? Bleibt da nicht ein unversöhnter »Rest« in der Schöpfung, der einen dunklen Schatten auf die sich an der Versöhnung freuende Schöpfung wirft? Muß nicht auch Gott selbst das Scheitern seiner allumfassenden Liebe eingestehen, wenn Menschen sich ihr endgültig verweigern?

Dazu zunächst eine Gegenfrage: Können wir uns den »Sieg« der versöhnenden Liebe Gottes über das Böse nur so vorstellen, daß es am Ende gar nicht mehr existiert? Kann dieser Sieg im Rahmen einer Freiheitsgeschichte zwischen Gott und dem Menschen nicht gerade auch so gedacht werden, daß die Liebe Gottes der menschlichen Freiheit einerseits den Freiraum zum Bösen bis zum Äußersten gewährt, daß sie sich also selbst ganz treu bleibt und den Menschen in keiner Weise »von außen« zu seinem Glück zwingt? Daß sie andererseits aber auch nicht das Böse heimlich dadurch triumphieren läßt, daß sie sich von seiner Verweigerung die Freude am Fest der sich versöhnen lassenden Schöpfung verderben läßt? Wir kennen dieses Phänomen der boshaften oder krankhaften »Spielverderber« ja zur Genüge aus unserem mitmenschlichen Erfahrungsbereich; wie gehen wir sinnvoll damit um? Es ist jedenfalls kein Zeichen einer starken, ihrer selbst bewußten Liebe, wenn man sich in seiner Freude am Spiel und am Leben allzu sehr beeinträchtigen läßt von solchen Menschen, die aus teils bewußter Bosheit, teils aus krankhafter Unfähigkeit heraus (wobei die Übergänge oft fließend sind) diese Freude verderben wollen. Auf sie eingehen und sie mit all unseren Möglichkeiten ins Spiel des Lebens einbeziehen wollen – ja! Aber nicht sich auf Dauer von ihnen die Freude daran verderben lassen, das wäre falsches Mitleid, denn es gibt dem destruktiven Willen des Bösen einfach nach und hilft diesen Menschen in keiner Weise.

Darin besteht ja gerade ein Grundzug des Bösen: andere mit hineinzuziehen in seine Verneinung und Abkapselung; es möchte durch seine Verweigerung triumphieren über die Liebe und die Freude, denen sie ihre Grenzen zeigt: »Bei mir kommt ihr nicht an, ich bin stärker!« Das schmerzt natürlich die Liebe, auch die Liebe Gottes – um des anderen und seiner dummen Verhärtung willen. Aber doch nicht so, daß sie sich die Tyrannei des Bösen aufzwingen läßt, daß sie sich ihr Ja zum Leben und Lieben zerstören läßt. Genau das gehört zum Widerstand, der hier und möglicherweise auch in der Vollendung des Himmels dem Bösen gegenüber geleistet werden muß: daß es nicht auf sublim-niederträchtige Weise doch über das Gute siegt. Liebe, die sich am Guten freut, ist nichts »Lasches«; sie hat ihre eigene Stärke, die sie dem Bösen entgegensetzen muß, um auch ihm seine Grenzen zu zeigen: nämlich daß sein Nein, das gegebenenfalls nicht zu verhindern ist, dennoch das Fest der Versöhnung nicht vergiften kann. Nicht das Nein, sondern das Ja bleibt das erste und letzte Wort über diese Schöpfung.

Ein gutes Beispiel dafür bieten gerade die Armen in den Ländern der sogenannten Dritten Welt. In allen Erzählungen von Freunden und Mitbrüdern, die sich dort längere Zeit aufhalten, wird immer wieder die für uns unbegreifliche Kraft der Armen bewundert, mit der sie sich in der jahrhundertelangen Geschichte der Unterdrückung und Ungerechtigkeit die Fähigkeit bewahrt haben, dennoch lachen und tanzen und ausgelassen feiern zu können. Das ist ihre Weise, dem grauenvollen Bösen, das ihr ganzes Leben ständig zu verschlingen droht, zu widerstehen und mitten in der sie umgebenden »Hölle« ein Gleichnis des Himmels zu setzen; eben jenes Himmels, dessen Freude in Ewigkeit nicht von der Macht des Bösen getrübt werden kann.[90]

6. Das Fest der Versöhnung und das weitergehende Leid der Erde

Vielen gläubigen Menschen fällt es vor allem deswegen schwer, sich den Himmel als beseligendes Fest der Versöhnung vorzustellen, weil sie es nicht mit dem doch weitergehenden Leid auf der Erde vereinbaren können. Wie soll z.B. eine unheilbar krebskranke Mutter sich nach ihrem

Tod im Himmel freuen können, wenn sie von der Sorge um ihre zurückbleibende Familie bedrängt wird? Solche Fragen beschäftigen auch gläubige Menschen oft viel stärker als die Aussicht auf die ihnen nach ihrem Tod verheißene Seligkeit im Leben Gottes.

Nun, die christliche Hoffnung unterscheidet sich auch in diesem Punkt sehr deutlich von anderen religiösen Jenseits-erwartungen, wie sie uns z.B. aus der Antike bekannt sind. Da richtete sich die Sehnsucht doch vor allem darauf, nach dem Tod in das selige, unbeschwert-weltvergessene Elysium der olympischen Götter aufgenommen zu werden, fernab von dem mühsamen und leidvollen Gewimmel auf der Er-de. Aber das hat mit dem »Himmel« unseres Glaubens wenig zu tun. Was wir mit Himmel meinen, ist nicht das Paradies der Selbstsüchtigen, die sich vor allem nach Beloh-nung und In-Ruhe-gelassen-Werden sehnen; es ist – nach dem anfangs zitierten Gedicht von Marie Luise Kaschnitz – das Spiel »frei gewordner, niemals aufgezehrter Liebe«. Und der »Spielführer«, der dieses Spiel in Gang gesetzt hat und in Bewegung hält, ist kein anderer als Jesus Christus, der das ganze Leid der Schöpfung an sich herankommen, in sich eindringen ließ. In seiner Auferstehung aus dem Tod hat er dieses Leid, sein eigenes und das aller anderen Mitgeschöpfe nicht einfach weggenommen, sondern mitgenommen in das heilende, versöhnende Leben Gottes hinein. Der gekreuzig-te und auferstandene Jesus ist unser »Himmel«, er, die menschgewordene Sympathie Gottes mit allen Leidenden dieser Welt.

Dieser Himmel nimmt uns nicht den Schmerz einer mit dem Leid der Geschichte verbundenen Liebe hinweg. Weil es das Fest der Liebe ist, das wir erhoffen, die »Hochzeit des Lammes«, das in Ewigkeit die Wundmale, die Zeichen sei-ner Solidarität mit den Leidenden tragen wird, darum endet auch im Himmel nicht die Verwundbarkeit der Liebe und ihr Mitleiden am Leiden anderer.

Also gibt es im Himmel doch auch Leiden? Ja, das Mit-Leiden der Liebe. Aber dies in einer Weise, daß die Freude des Festes dabei nicht verlorengeht. Wie ist das zu verstehen? Ich möchte es an einer biblischen Szene erläutern. Thomas, der Zweifler, will nach der Auferstehung Jesu seine Hände in die Wunden Jesu legen, um glauben zu können, daß er wirklich im Leben Gottes lebt. Warum dieser seltsame Wunsch? Warum nicht eine überwältigende, alle Zweifel ausräumende Licht-Erscheinung? Wohl darum, weil allein die in das Leben Gottes mitgenommenen, von seinem Licht »durchstrahlten« und so in ihm versöhnten Wunden das neue Leben glaubwürdig machen.

Die Bitte »Birg in deinen Wunden mich« aus dem »Anima Christi« ist für mich ein treffendes Symbol des Himmels, den ich erhoffe und auf den ich mich freue: Geborgensein in den Wunden des Auferstandenen. Und das bedeutet eben: Versöhntsein mit dem Leid der Schöpfung, dem eigenen und dem der anderen, gerade auch der noch Lebenden. Und zwar deswegen versöhnt sein, weil wir im auferstandenen Jesus – jetzt vielleicht nur ahnungsweise, einst aber unverborgen – wahrnehmen können, wie alles Leben und Leiden von der Sympathie Gottes, von dem grenzenlosen Mit-Leiden Gottes noch einmal unterfaßt und aufgefangen ist, wie darum alles ein Weg zum Heil sein kann. Das ungebrochene »Gott finden in allen Dingen«, gerade auch in den Tränen und Schmerzen unserer Erde, das könnte der »Himmel« unserer Hoffnung sein. Dieses Versöhntsein erreicht erst dann sein »Vollmaß«, wenn einmal alle dazu bereiten Menschen, ja die ganze Schöpfung in diesem Leben des auferstandenen Leibes Christi geborgen sein werden. Darauf mit Christus selbst zu »warten« (vgl. Hebr 10,13) gehört so lange zum Himmel, wie die irdische Zeit und Geschichte noch andauern.

Einen kleinen Vorgeschmack von Himmel erlebe ich jedes Jahr, wenn wir mit etwa 150 geistig und körperlich Behinderten und ihren Freunden drei Tage lang im Stil der »Arche« von Jean Vanier das sog. »Katimavic« (= »Fest der Begegnung«) feiern. Da kommt so viel Leid und Elend zusammen, daß einem oft genug zum Heulen zumute ist.

Aber zugleich kenne ich keine fröhlicheren Feste als dort, wenn die Behinderten, sogar mit ihren Rollstühlen, in das Tanzen und Spielen und Singen (innerhalb und außerhalb der Gottesdienste) miteinstimmen und wir uns stundenlang vor Gott einfach mit- und aneinander freuen. In der Tat: »Wo Liebe sich freut, da ist ein Fest«, da beginnt der Himmel, das Fest der Versöhnung mit dem Leid, in »frei gewordner, niemals aufgezehrter Liebe«.

IX. Hoffnung für den ganzen Kosmos: »Der neue Himmel und die neue Erde«

In einer Gemeinde, in der ich seit vielen Jahren seelsorglich mitarbeite, habe ich einmal über einige Verse aus dem 8. Kapitel des Römerbriefes gepredigt, was anschließend manche Fragen und Gespräche ausgelöst hat. Es ging um die bekannte Stelle, wo Paulus vom Seufzen, von den Tränen und Leiden der Schöpfung spricht, aber auch von ihrer Hoffnung: »Die ganze Schöpfung wartet sehnsüchtig auf das Offenbarwerden der Kinder Gottes. Die Schöpfung ist der Vergänglichkeit unterworfen ... Aber Gott gab ihr Hoffnung: Auch die Schöpfung soll von der Sklaverei und Verlorenheit befreit werden zur Freiheit und Herrlichkeit der Kinder Gottes. Denn wir wissen, daß die gesamte Schöpfung bis zum heutigen Tag seufzt und in Geburtswehen liegt« (Röm 8,19–22) – eben in den Geburtswehen der neuen, oder besser: erneuerten Schöpfung, des neuen Himmels und der neuen Erde (Offb 21,1ff.).[91]

Was einige in der Gemeinde damals an der Predigt etwas irritierte, war, daß ich den Text des Paulus noch etwas konkreter faßte und auf die ganze materielle Wirklichkeit unserer Erde, besonders auch auf das pflanzliche und tierische Leben bezog: daß also nach Paulus (und natürlich auch dem letzten Kapitel der Offenbarung des Johannes) nicht nur die Menschen, sondern alle Geschöpfe, die Steine und Gestirne, die Pflanzen und Tiere, die ganze natürliche und die kulturell gestaltete Welt des Menschen auf ihre Weise von Gott »erlöst« werden und damit auch zum ewigen Leben, zur endgültigen Vollendung im Reich Gottes berufen sind. Die Kinder und Jugendlichen, die damals sehr aufmerksam zuhörten, hatten damit wenig Probleme; im Gegenteil, sie freuten sich darüber. Aber manche Erwachsene konnten das nicht so einfachhin akzeptieren; denn schließlich hat – so sagten sie – doch nur der Mensch eine geistige und »unsterbliche Seele«, die ihn für das ewige Leben bei Gott fähig macht; aber doch nicht ein Berg oder ein Hund oder eine Geranie oder ein Musikstück oder eine moderne technische Konstruktion! Das alles ist doch vollständig dem Kreislauf von Werden und Vergehen in unserer Welt ausgeliefert, ohne daß ihm ein Ewigkeitsmoment wie beim Menschen durch seine unsterbliche Seele zukäme. Wie soll Gott den anderen Geschöpfen dann ewiges Leben schenken können? Was an ihnen kann denn den Tod überdauern und sie zur ewigen Gemeinschaft mit Gott und den vollendeten Menschen befähigen? Ist die Rede der Offenbarung des Johannes vom »neuen Himmel und der neuen Erde« nicht bloß eine Metapher, ein etwas vollmundiges Hoffnungsbild, um das neue Leben der Menschen nach ihrem Tod in der Seligkeit Gottes etwas anschaulicher und anziehender auszumalen? Im Grunde aber kann es den Himmel doch wohl nur für »Gott und die Seele« geben ...

Sind diese Einwände stichhaltig? Dahinter steht eindeutig eine Grundalternative der christlichen Lehre von der Vollendung der Welt im Reich Gottes: Leben wir aus einer Hoffnung, die sich mehr oder weniger auf die geistige Seele des Menschen und ihre Unsterblichkeit richtet – oder leben wir aus einer Hoffnung, die die Erde und die materielle Wirklichkeit in ihrer ganzen bunten Mannigfaltigkeit miteinbezieht? Wenn wir es wirklich ernst meinen mit der Hoffnung auf die Auferstehung des Leibes und der darin enthaltenen Option für die Erdverbundenheit des Menschen, können wir nur für die zweite Seite dieser Alternative plädieren. Aber dann stellt sich gleich die Frage: Wie kann die materielle Welt vollendet werden? Darüber gibt es verschiedene theologische Auffassungen. Zunächst möchte ich die von Karl Rahner vorstellen, der sich viele katholische Theologen angeschlossen haben.

1. Die materielle Welt – nur vollendbar als »Groß-Leib« des Menschen?

K. Rahner ist davon überzeugt, daß die materielle Welt »rein in sich« nicht vollendbar ist. Aber wegen ihrer aus der Evolution erkannten Entwicklung auf den menschlichen Geist hin, also wegen ihrer Fähigkeit zur »Selbsttranszendenz« auf das Geistige hin, wird sie zu einem bleibenden Moment der leib-geistigen Einheit des Menschen.[92] Darum bekommt sie auch an seiner endgültigen Vollendung teil. Sie wird im Menschen und durch ihn »mit-vollendet« – gleichsam als der die ganze Welt einbeziehende »Groß-Leib« des Menschen. Mit anderen Worten: In dem Maß, wie die Lebewesen und »Dinge« dieser Welt in jenes menschliche Tun und Erleben, das für die Vollendung bedeutsam ist, einbezogen werden, können sie mit dem Menschen im vollendeten Reich Gottes »aufgehoben« werden. Also insofern sie ihm Grund zur Freude, zur Dankbarkeit, zur Kreativität, zum Vertrauen, zur Hoffnung und zur Liebe sind, sind sie im Menschen vollendbar. Das heißt: Nur in der menschlich vermittelten, menschlich angeeigneten und »verinnerlichten«, menschlich verwandelten Weise, also durch und durch »humanisiert« soll demnach die außermenschliche Wirklichkeit unserer Welt auch »vollendbar« sein können, nicht aber bereits aufgrund ihrer eigenen Seinsweise (»in sich«).

Stimmt das wirklich so mit dieser Entgegensetzung? Ich hatte diese Auffassung selbst lange Zeit vertreten, habe aber inzwischen (von G. Bachl, dem originellen Salzburger Theologen, angeregt) doch gewisse Zweifel daran bekommen. Für die Vollendung des Menschen in seiner Einheit von Körper, Leib und Seele dürfte dieser Ansatz durchaus zutreffend sein. Aber die ganze übrige Welt nur in Analogie zum menschlichen Körper und Leib zu betrachten, sie als »Groß-Leib« des Menschen einzustufen, scheint doch Ausdruck einer theologischen Anthropozentrik zu sein, die mehr dem neuzeitlichen als dem biblischen Menschen- und Weltbild entspricht. Sie sieht den end-gültigen Wert der ganzen Schöpfung allzu sehr von ihrer Beziehung auf den Menschen und von ihrem Sinn für den Menschen her, mag dieser Sinn sehr direkt pragmatisch oder – sublimer – ästhetisch, ethisch, kulturell oder theologisch aufgefaßt werden.

Daß die Schöpfung nicht ohne den Menschen und unabhängig von ihm zur Vollendung des Reiches Gottes kommen wird, ist biblisch und theologisch selbstverständlich. »Reich Gottes«, »neuer Himmel und neue Erde«, das »himmlische Jerusalem«, die »Hochzeit des Lammes« – alle neutestamentlichen Vollendungssymbole sind nur sinnvoll, wenn dabei auch dem Menschen seine besondere Rolle in der Vollendung der Schöpfung zugedacht wird. Ebenso unbezweifelbar ist auch, daß nach der anfangs zitierten Römerbriefstelle für Paulus die menschliche Vollendung als Befreiung von der Sklaverei und Verlorenheit in dieser vergänglich-sündigen Welt das Modell für die Erlösung und Vollendung der gesamten Schöpfung abgibt. Aber daraus folgt keineswegs, daß die Schöpfung gleichsam nur als »stummer Teilhaber« der menschlichen Vollendung angesehen werden muß! Können die anderen Geschöpfe nicht gerade auch in ihrer Unterschiedenheit vom Menschen und damit in ihrer jeweils eigenen Wirklichkeit als vollendbar, als »Reich-Gottes-fähig« gedacht werden? Ich glaube ja. Dafür möchte ich zwei theologische Gründe anführen:

2. Das »Unzerstörbare« der Schöpfung: Ihr Lob Gottes

Im Kapitel über das »Unzerstörbare« im Menschen sahen wir, daß dies theologisch in seiner von Gott geschenkten Fähigkeit besteht, für Gottes Liebe ansprechbar, empfänglich zu sein und darauf auf seine Weise antworten zu können; also der unendlichen Treue Gottes auf endliche Weise entsprechen zu können. Das verleiht dem Menschen von Gott her seine personale Würde und seine »Unsterblichkeit«

auch über den Tod hinaus. Gibt es etwas Vergleichbares (»Analoges«) auch für die anderen Geschöpfe, ohne daß deswegen die Unterschiede zwischen ihnen und dem Menschen eingeebnet werden müßten?

Nun, vom biblischen Schöpfungsglauben und auch von der großen theologischen Tradition her sind durchaus alle Geschöpfe auf ihre Weise mit einer spezifischen »Antwort-Fähigkeit« auf Gottes Liebe begabt. Denn alle Geschöpfe verdanken ihr Dasein von Anfang bis Ende dem schöpferisch-liebenden Wort Gottes. Er ruft sie ins Dasein (Gen 1: »Es werde«); und sie entstehen, indem sie »gehorchen« (»... und es geschah so«). Durch ihr einfaches Dasein und Sosein bezeugen sie, daß sie den Willen Gottes bejahend »beantworten«. Insofern sind sie alle, indem sie vor Gott da sind, der »Zustimmung« zu ihrem Geschaffensein und zum Urteil des Schöpfers über seine Geschöpfe fähig: »Und Gott sah, daß es gut war.«

Die Bibel nennt diese grundlegende Zustimmung der Geschöpfe zu ihrem »guten« Dasein und Sosein das »Lob Gottes«, zu dem die ganze Schöpfung fähig ist. Der evangelische Theologe Claus Westermann gibt eine sehr treffende Erläuterung dieses »Lobes Gottes« durch die Schöpfung:

Das Gutsein der Schöpfung, das ihr Schönsein einschließt, will den Widerhall der Freude und damit des Lobes wecken. In dem Satz, der die Werke der Schöpfung begleitet, ist dieser Widerhall des Gotteslobes schon angedeutet, der dann überschwenglich zu Wort kommt in den Psalmen, in denen die Kreatur zum Lob gerufen wird:
»Lobet den Herrn vom Himmel her,
lobet ihn in den Höhen ...
lobet ihn, Sonne und Mond,
lobet ihn, ihr leuchtenden Sterne ...!« (Psalm 148).
Alle Geschöpfe haben am Ganzen der Schöpfung teil, und alle haben im Ganzen einen Sinn, das bringen diese Psalmen zum Ausdruck durch das Hingewandtsein der

Geschöpfe zu ihrem Schöpfer, dem Lob des Schöpfers. In diesem Hingewandtsein zum Schöpfer ist etwas Gemeinsames zwischen den Geschöpfen, Menschen, Tieren und allem anderen. Loben ist zu Gott hingewandte Daseinsfreude, und diese Daseinsfreude eignet der Schöpfung als ganzer.[93]

Was bedeutet das für die Vollendung der Schöpfung? Nun, die mit dem Geschöpfsein gegebene Fähigkeit der »Zustimmung« zum Dasein ist der Grund dafür, daß die Schöpfung im Ganzen und alle einzelnen Geschöpfe auf je eigene Weise auch vollendungsfähig, »ewigkeitsfähig« sind. Denn das Lob Gottes, dieses große Ja zu Gott und seinen Werken, das die Geschöpfe durch ihr Dasein und ihr Schönsein »sprechen«, überdauert – wie das Schöpfungs-Ja Gottes selbst – Raum und Zeit; es füllt den Raum der Ewigkeit, den Himmel; es ist die Grundmelodie der »kosmischen Liturgie«, die nach der Offenbarung des Johannes im himmlischen Jerusalem gefeiert wird und die das Zentrum des neuen Himmels und der neuen Erde sein wird.

Aber bedarf es zu dieser »ewigen Liturgie« wirklich noch der Steine und der Sterne, der Pflanzen und der Tiere? Was bringt das »Lob Gottes« der irdisch-materiellen Schöpfung über das Lob der Engel und Menschen hinaus? Kann es nicht in ihren ewigen Lobgesang eingehen und darin »aufgehoben« sein?

Hier hilft uns die biblische Reich-Gottes-Verheißung ein Stück weiter: Damit die Herrschaft Gottes über die Welt endlich im ganzen als wirklich und wirksam erkannt werden kann, bedarf es dazu der vollendeten Schöpfung und ihres Lobes Gottes im ganzen. Denn erst wenn die Schöpfung als ganze vollendet ist, wenn sie im ganzen dem Gerechtigkeits-, Friedens- und Lebenswillen Gottes zustimmt, wird es offenkundig, daß Gott wirklich der Schöpfer und damit der einzige Herr der gesamten Wirklichkeit ist. Diese Tatsache ist jetzt durchaus noch strittig; und zwar aufgrund der von Gott geschenkten Fähigkeit der Geschöpfe zur eigenständigen Selbstentwicklung, die gerade in ihren zerstörerischen Auswirkungen nicht einfachhin der ihnen von Gott zugedachten Bestimmung entspricht. Extrem sichtbar wird dies in der sündigen Selbstbestimmung des Menschen, die sich ja bis zur »Verselbständigung« gegenüber Gott steigert. Gerade auch um diese Macht der menschlichen Sünde zu beenden, die einerseits »tief in den Naturbedingungen des gegenwärtigen Daseins verwurzelt ist« und die andererseits auch von sich aus die Schöpfung in Mitleidenschaft zieht und zerstörerisch wirkt, darum bedarf es für das endgültige Kommen des Reiches Gottes auch der »kosmischen Erneuerung der Welt«, eben eines »neuen Himmels und einer neuen Erde«.[94] In ihrer faktisch vorfindlichen, von so viel Leid und Schmerz zerrissenen Gestalt ist und bleibt die Schöpfung zutiefst erlösungsbedürftig, kann auch sie (wie wir Menschen) das Lob Gottes oft nur »unter Tränen« singen. Darum kann die in Röm 8 verheißene Erlösung der Schöpfung »von der Sklaverei und Verlorenheit« verstanden werden als ihre Befreiung zum ungehinderten Lob Gottes, wie es der ursprünglichen Schöpfungsidee Gottes entspricht und im vollendeten Reich Gottes dann endlich gelingt.

3. Vollendung des Kosmos im auferstandenen »Leib Christi«

Die folgende Überlegung soll noch deutlicher die gemeinsame Berufung des Menschen und der ganzen Schöpfung zur Vollendung belegen. Diese Gemeinsamkeit besteht biblisch nicht darin, daß sich der Mensch die materielle Welt »einverleibt« und sie so mit sich zur Vollendung führt. Die rettende Integration des Kosmos schreibt das Neue Testament nur dem »Leib« eines einzigen Menschen zu, dem Leib des »neuen Adam«, eben dem »Leib Christi«. Nach dem Epheser- und Kolosserbrief besteht die Heiligung und Rettung der Welt durch Gott darin, daß die Glaubenden ihre individuelle »Leiblichkeit« übersteigen und sich hineinnehmen lassen in das alles vereinende Mysterium des »Leibes Christi«, also in die den ganzen Kosmos erfüllende und zur Versöhnung führende Gestalt des auferstandenen Christus, der in der Kirche »aus Juden und Heiden« sein sichtbares »Sakrament« hat. Als der »Erstgeborene der ganzen Schöpfung« und zugleich als »Erstgeborener von den Toten« (Kol 1,15.18) ist der auferstandene Christus in Person der »Neue Himmel« und die »Neue Erde«, ist er der von den übrigen Geschöpfen mehr und mehr zu erfüllende »Raum« und die für sie maßgebliche »Form« der neuen Schöpfung. Nur in der Teilgabe an ihm wird darum alles vollendet.

Dieses Geschenk der vollendenden Teilhabe aller Geschöpfe am auferstandenen Leib Christi wird uns bereits in der Eucharistie vorweg zuteil. Hier, in der Feier der großen Danksagung der Kirche, geschieht anfanghaft die Eingliederung und Umwandlung der ganzen Schöpfung in den Auferstehungsleib Christi. Sinnbildlich dargestellt wird dies in der Darbringung der Gaben Brot und Wein, die eben beides sind: »Frucht der Erde und der menschlichen Arbeit«. »Deshalb sind die Gaben der Eucharistie heilig, schon vor der eucharistischen Wandlung. Und ihre Verwandlung bedeutet nicht, daß sie aufhören zu sein, was sie sind: Brot und Wein, sondern daß sie der Neuen Schöpfung zugeführt werden.«[95] In der neueren orthodoxen Theologie wird gerade dieser Charakter der Eucharistie deutlich hervorgehoben: In ihr beginnt – in sakramentaler Symbolik – die Verklärung und Verwandlung des ganzen Kosmos zum »neuen Himmel« und zur »neuen Erde«; und zwar so, daß die Gaben der Schöpfung dabei ihren eigenen, ihnen vom Schöpfer gegebenen Wert und Sinn bewahren und ihn zugleich in die vollendete, von der entstellenden Macht der Sünde befreiten Liturgie der Neuen Schöpfung miteinbringen.[96]

In dieser biblisch-liturgischen Sicht der Vollendung wird die neuzeitliche Anthropozentrik der westlichen Theologie in einen weiteren Horizont hineingestellt und damit auch relativiert. Die Vollendung der Welt verdankt ihre Möglichkeit demnach nicht der Dominanz des menschlichen Geistes und seiner Leiblichkeit, durch die sich der Mensch die übrige Schöpfung »einverleibt« und »anverwandelt«, damit sie an seiner Vollendung teilbekomme. Nein, der biblischen Verheißung geht es um die »Einverleibung« und »Umwandlung« sowohl der Menschen wie auch der ganzen Schöpfung in den ihnen gemeinsam vorgegebenen »Leib Christi«, des Auferstandenen. An ihm können sie je auf ihre Weise teilhaben und dadurch zu der jedem Geschöpf eigenen, ihm vom Schöpfer ursprünglich zugedachten Vollendung gelangen. Die Einbindung auch der menschlichen Vollendung in ein größeres Ganzes, eben in den »Leib Christi«, macht die Schöpfung nicht mehr zum zweitrangigen Teilhaber an der Vollendung des Menschen. Sie gibt ihr die Würde einer eigenen Teilhabe an der Vollendung des »Leibes Christi«.

Ähnliche Gedanken finden sich bereits bei Friedrich Christoph Oetinger (1702–1782), jenem großen Theologen des protestantischen Pietismus im 18. Jahrhundert. Ohne die pietistischen, theosophischen und sonstigen zeitbedingten »Eierschalen« seiner Theologie übernehmen zu wollen, scheint sich seine Vorstellung von der Vollendung der Schöpfung mit dem bisher Gesagten weitgehend zu decken. Erhard Kunz hat Oetingers Lehre von der Vollendung so zusammengefaßt (unter Einbeziehung von Originalzitaten des Autors):

Man muß »nicht meinen, daß im Himmel nichts sei als Gott. Nein, im Himmel ist eine ganze Welt, auf der neuen Erde sind Gärten, Paradies, Früchte ...« Man wird Gott nicht nur in seiner »bloßen Essenz« schauen, sondern auch in den Geschöpfen, »welche im Zusammenschluß mit Christo eine Harmonie ausmachen. Da wird Gott ein Wesen sein, nicht bloß geistlich zu sehen, sondern in herausgesetzter Offenbarung Gottes in der körperlichen Fülle der Gemeinde, welche da ist sein Leib, die Erfüllung dessen, der alles in allem erfüllet.« In der vollendeten Gemeinschaft der Menschen wird das, was in

Gott verborgen ist, körperlich, leibhaft zur Erscheinung kommen. In diesem Sinne gilt: »Leiblichkeit ist das Ende der Werke Gottes, wie aus der Stadt Gottes, Offb 21 und 22, klar erhellet!«[97]

Diese Überlegungen zur kosmischen Dimension der christlichen Hoffnung sollen ausklingen in einem schönen Osterlied von Friedrich Spee aus dem Jahr 1623 (GL 219). In kindlich anrührender und doch theologisch so tiefer Weise besingt Fr. Spee darin die Freude der ganzen Welt an der zu Ostern gefeierten Auferstehung Jesu. Ostern wird geradezu zu einem kosmischen Frühlingsfest. Denn es bezieht die ganze Natur mit in das neue Leben des Auferstandenen ein. Sie kann »jetzt« wieder grünen und blühen, singen und leuchten, weil sie von neuem Anteil bekommt an jener göttlichen Lebenskraft, die in der Auferstehung Jesu wirksam ist und die von daher im jährlichen Osterfest die ganze Schöpfung erneuern kann. Der von Ostern ausgehende Sonnenschein »gibt der Welt ein' neuen Schein« (5. Str.), weil er sie bereits in den Vor-Schein des neuen Himmels und der neuen Erde taucht:

Die ganze Welt, Herr Jesu Christ, Halleluja, Halleluja,
in deiner Urständ (= Auferstehung) fröhlich ist.
Halleluja, Halleluja.

Des Himmels Heer im Himmel singt, –
die Christenheit auf Erden klingt. –
Jetzt grünet, was nur grünen kann, –
die Bäum zu blühen fangen an. –
Es singen jetzt die Vögel all, –
jetzt singt und klingt die Nachtigall. –

Der Sonnenschein jetzt kommt herein, –
und gibt der Welt ein' neuen Schein. –
Die ganze Welt, Herr Jesu Christ, –
in deiner Urständ fröhlich ist. –

Anmerkungen

[1] Aus: Marie Luise Kaschnitz, Gesammelte Werke Bd. 5, © Insel Verlag Frankfurt a.M. 1985, 504.

[2] Vgl. M. Kehl, Wissen Christen mehr über das »Leben nach dem Tod«? In: Entschluß 53 (1998), 14–16.

[3] E. Kübler-Ross, Über den Tod und das Leben danach, Neuwied ¹⁵1993, 9.

[4] F. Tipler, Die Physik der Unsterblichkeit, München 1994, 26.

[5] Vgl. dazu M. Kehl, Hinführung zum christlichen Glauben, Topos-Taschenbuch 253, Mainz 1995, 43–51.

[6] Vgl. dazu den anregenden und zugleich unterhaltsamen (gerade auch für Jugendliche verfaßten) Roman von E. Nordhofen: »Die Mädchen, der Lehrer und der liebe Gott«, Reclam Stuttgart 1998, in dem ein Religionslehrer versucht, jungen Menschen Zugänge zum biblischen Gott, zum »Ich-bin-da« zu erschließen.

[7] Vgl. zu dem ganzen Thema der Begründung der christlichen Hoffnung: M. Kehl, Eschatologie, Würzburg ³1996, 17–36, 299–358; J. Moltmann, Theologie der Hoffnung, München 1964.

[8] Vgl. dazu K. P. Jörns, Die neuen Gesichter Gottes. Was die Menschen heute wirklich glauben, München 1997; M. N. Ebertz, Kirche im Gegenwind, Freiburg 1997, bes. 50ff., 66ff.

[9] M. N. Ebertz, aaO. 69.

[10] Ders., aaO. 51f.

[11] Text: Lothar Zenetti; Melodie: Wolfgang Biersack. Aus: Vom Leben singen. Neue geistliche Lieder, Melodienheft (hg. v. Arbeitskreis Kirchenmusik und Jugendseelsorge im Bistum Limburg), © Strube Verlag München–Berlin, Edition 1357/01, Nr. 70.

[12] Text: Wilhelm Willms; Melodie: Ludger Edelkötter. Aus: »Weil du mich so magst«. © Impulse-Musikverlag, Ludger Edelkötter, 48317 Drensteinfurt; inzwischen auch ins »Gotteslob« aufgenommen, und zwar im neuen Anhang zum Diözesanteil verschiedener Bistümer, z.B. in Limburg GL 979.

[13] Text: Eugen Eckert; Melodie: Herbert Heine. © Strube Verlag, München–Berlin. Aus: Vom Leben singen. Neue geistliche Lieder, Melodienheft, 162; auch im neuen Anhang des Limburger Diözesanteils GL 982. Ähnliche Beispiele: »Eine große Stadt ersteht« (GL 642) oder »Aus den Dörfern und Städten sind wir unterwegs zu Dir« (Limburger Anhang GL 980).

14 Text: Wilma Klevinghaus; Musik: Christoph Lehmann. Aus: Oekumene heute. Mein Liederbuch 2; © tvd-Verlag, Düsseldorf 1992.

15 Text: Maria Luise Thurmair 1951/1973; Melodie: Heinrich Rohr 1951. Aus: Gotteslob. Katholisches Gebet- und Gesangbuch, Nr. 568. © Christophorus Verlag, Freiburg.

16 Text: Kurt Marti; Melodie: Winfried Heurich; © Text: Radius-Verlag, Stuttgart; © Musik: Lahn-Verlag, Limburg. Mit Genehmigung des Radius-Verlags entnommen aus: Kurt Marti, O Gott! Lachen, Weinen, Lieben. Ermutigungen zum Leben. 1995 by Radius-Verlag, Stuttgart.

17 »Die viel gescholtene Verspätung des Christentums gegenüber den kulturellen Standards der Moderne bringt es nicht nur in ein (kirchlich verschuldetes) Verhältnis der unproduktiven Ungleichzeitigkeit zur Gegenwart. Sie bedeutet nicht a priori Realitätsferne und Weltfremdheit. In ihr stecken vielmehr zahlreiche Impulse für die Suchbewegungen einer ihrer selbst unsicher gewordenen Zeit. Je moderner die moderne Welt wird, um so notwendiger wird es, die Gegenwart um ihrer Zukunft willen von der Borniertheit eines ›business as usual‹ zu befreien und die Selbstverständlichkeit des Faktischen zu brechen. Es gilt, die Fragwürdigkeit des vermeintlich Selbstverständlichen und Fraglosen zu erweisen. Das Christentum tut dies, indem es vom Vergangenen her dem Gegenwärtigen mehr zuspricht, als es von sich aus aufzuweisen hat. Über die Gegenwart hinauszugehen und gerade damit der Gegenwart gerecht zu werden, ist die Eigenart christlicher Zeitgenossenschaft.« So H. J. Höhn, Zukunftsfähigkeit. Religion an den Grenzen der Moderne. In: Handbuch Religionsunterricht an berufsbildenden Schulen, Gütersloh 1997, 110–123, Zit. 113f.

18 Vgl. dazu auch G. Bachl, Über den Tod und das Leben danach, Graz 1980, 241–257; G. Greshake, Seelenwanderung oder Auferstehung. In: Ders., Gottes Heil – Glück des Menschen, Freiburg 1983, 226– 244; H. Torwesten, Sind wir nur einmal auf Erden? Freiburg 1983; M. Kehl, Eschatologie, Würzburg ³1996; ders., Nur einmal auf Erden? In: Bibel und Kirche 49 (1994), 35–41; Chr. Schönborn, Reinkarnation und christlicher Glaube, in: C. A. Keller u.a. (Hg.), Reinkarnation – Wiedergeburt aus christlicher Sicht, Freiburg/Schweiz 1987, 127–146; R. Hummel, Reinkarnation, München–Mainz 1988; H. Kochanek (Hg.), Reinkarnation oder Auferstehung, Freiburg 1992; G. Sachau, Westliche Reinkarnationsvorstellungen, Gütersloh 1996 (auf die-

se ausgezeichnete Untersuchung werde ich mich im zeitdiagnostischen Abschnitt am meisten stützen).

[19] Vgl. G. Sachau, aaO. 58.

[20] H. Torwesten, Sind wir nur einmal auf Erden? © Verlag Herder, Freiburg 1983, 21f.

[21] Vgl. R. Hummel, Reinkarnation, Mainz 1988; G. Sachau, aaO. 67ff.

[22] R. Hummel, aaO. 36.

[23] Vgl. G. Sachau, aaO. 70ff.

[24] Ders., aaO. 170 (im Anschluß an Thorwald Dethlefsen).

[25] Gerade auch bei Kindern läßt sich diese »naturwüchsige« Deutung des Todes beobachten; sie können, ohne jede Kenntnis östlicher Kulturen und Religionen, aber auch unbeeinflußt von den religiösen Überzeugungen ihrer Eltern, für sich die Vorstellung von der Wiedergeburt entwickeln, um sich zu erklären, was nach dem Tod kommt. Vgl. dazu T. Brocher, Wenn Kinder trauern, Zürich 1980, 37–43; 51ff.

[26] M. Weber, Wirtschaft und Gesellschaft, Tübingen 1980, 318f.

[27] G. Sachau, aaO. 251f (mit Hinweis auf H. Torwesten).

[28] W. J. Hollenweger, Geist und Materie. Interkulturelle Theologie III, München 1988, 263ff.

[29] G. Sachau, aaO. 200.

[30] Vgl. Ders., aaO. 253ff.

[31] Vgl. Th. Dethlefsen, Das Erlebnis der Wiedergeburt, München [5]1986, 15–43. Dethlefsen, Psychotherapeut, gilt als Begründer der Reinkarnationstherapie.

[32] G. Sachau, aaO. 254.

[33] Th. Dethlefsen, Das Erlebnis der Wiedergeburt, München [5]1986; ders., Schicksal als Chance, München [19]1987; B. Weiss, Die zahlreichen Leben der Seele, München 1994; ders., Heilung durch Reinkarnationstherapie, München 1995.

[34] I. Stevenson, Reinkarnation, Freiburg 1986; ders. Wiedergeburt. Kinder erinnern sich an frühere Erdenleben, Grafing 1989.

[35] Vgl. G. Sachau, aaO.: »Die tiefe Entspannung in der therapeutischen Situation mit der Erlaubnis ›alles zuzulassen und kommen zu lassen‹ ermöglicht innere Dramatisierungen tabuisierter und bedrohlicher Bewußtseinsinhalte. Sind die Bilder auch von höchster Intensität, so ist doch Distanz zu ihnen möglich, indem sie ›vergangenen Leben‹ zugewiesen werden können« (264). Und auch diese Form der Distanzierung kann (wie jede andere therapeutische Aufarbeitung traumatischer Symptome auch) durchaus zur Heilung psychischer Krankheiten führen. Erfolge solcher

Therapien »beweisen« damit aber noch längst nicht die Wahrheit der Wiedergeburtslehre, mit deren Hilfe solche therapeutischen Erfahrungen gedeutet werden können.

[36] »Obwohl das Studium der Kinder, die behaupten, ein früheres Leben zu erinnern, mich überzeugt hat, daß einige von ihnen in der Tat reinkarniert haben mögen, so hat es mir doch auch die Gewißheit verschafft, daß wir nahezu nichts über die Reinkarnation wissen.« So I. Stevenson in: Wiedergeburt, aaO. 374.

[37] In der Frage der Wiedergeburtslehre hat sich auf katholischer Seite v.a. Fr. J. Nocke für einen solchen Dialog eingesetzt; vgl. seinen Beitrag: Ist die Idee der Reinkarnation vereinbar mit der christlichen Hoffnung auf Auferstehung? In: H. Kochanek (Hg.), Reinkarnation oder Auferstehung, Freiburg 1992, 263–284.

[38] Vgl. ders., aaO. 276ff.

[39] Diese Überzeugung wird gerade auch durch die zehn Punkte bestärkt, die Fr. J. Nocke unter dem Titel anführt: »Was nicht verloren gehen dürfte« (aaO. 278ff.). Es fällt mir schwer zu erkennen, wie angesichts dieses christlich Unaufgebbaren die Wiedergeburtslehre, so wie sie sich jetzt hier bei uns im Westen darstellt, dennoch irgendwann in den christlichen Glauben integriert werden könnte. Vgl. auch ders., Der Glaube an die Auferstehung und die Idee der Reinkarnation, in: H. Kessler (Hg.), Auferstehung der Toten. Ein Hoffnungsentwurf im Blick heutiger Wissenschaften, Darmstadt 2004, 279–295, v.a. 290 u. Anm. 26.

[40] Vgl. dazu H. Frohnhofen, Reinkarnation und frühe Kirche, in: StdZ 114 (1989), 236–244; Chr. Schönborn, Reinkarnation und christlicher Glaube, in: C.A. Keller u.a., Reinkarnation, Wiedergeburt aus christlicher Sicht, Freiburg i.Ue., 1987, 127–146.

[41] Chr. Schönborn, aaO. 140.

[42] Ders., aaO. 142.

[43] Selbst K. Rahner hat in seinem »Grundkurs des Glaubens« diesen Unterschied relativiert, um einen Ansatz der Verständigung mit der Wiedergeburtslehre der östlichen Religionen zu finden; allerdings unter der Voraussetzung, daß der Läuterungsprozeß durch viele Reinkarnationen hindurch auch einmal bei Gott sein Ende finde. Ich kann ihm in dieser Auffassung nicht folgen. Vgl. K. Rahner, Grundkurs des Glaubens, Freiburg 1976, 424f.

[44] Chr. Schönborn, Reinkarnation und christlicher Glaube, in: C.A. Keller u.a., Reinkarnation, Wiedergeburt aus christlicher Sicht, © Paulusverlag Freiburg/Schweiz 1987, 129f.

[45] Vgl. dazu ausführlicher M. Kehl, Eschatologie, aaO. 76–81; G.

Sachau, aaO. 95–98; R. A. Moody, Leben nach dem Tod, Reinbek bei Hamburg 1977; ders., Nachgedanken über das Leben nach dem Tod, ebd. 1978.

[46] E. Kübler-Ross, Erfülltes Leben – würdiges Sterben (Hg. G. Grip), Gütersloh 1993, 84.

[47] Dies., Über den Tod und das Leben danach, Neuwied [15]1993. Vgl. auch den bunten, kindlich-fröhlichen Einband dieses populären Büchleins mit Blumen und einem großen Schmetterling.

[48] E. Kübler-Ross, aaO. 9.

[49] Dies., aaO. 55 u.a.

[50] Vgl. G. Schulze, Erlebnisgesellschaft, Frankfurt 1992.

[51] Von daher verwundert es nicht, daß die Taufe bei uns mehr und mehr zu einem harmlosen religiösen Kinderfest zu verkommen droht, bei dem weder der Tod Jesu noch seine Auferstehung eine Rolle spielen, obwohl doch nach Röm 6 bekanntlich genau darin der Sinn der Taufe liegt.

[52] Vgl. dazu H. Gasper/F. Valentin (Hg.), Endzeitfieber (Herder Spektrum 4522), Freiburg 1997; N. Baumert, Endzeitfieber? Heutige Prophetien und biblische Texte im ökumenischen Dialog, Münsterschwarzach 1997; M. Scherer-Emunds, Die letzte Schlacht um Gottes Reich, Münster 1989; J. Moltmann, Das Kommen Gottes, Gütersloh 1995, 167–202.

[53] Vgl. dazu K. Vondung, Die Apokalypse in Deutschland, München 1988.

[54] Vgl. F. Valentin, Das Ende ist nahe, in: H. Gasper/F. Valentin (Hg.), Endzeitfieber, aaO. 30–50.

[55] Nach Offb 16,16 versammeln drei Dämonengeister die Könige der Erde bei Harmagedon zum Kampf gegen Gott, der sie aber alle vernichtet. »Harmagedon« ist ein symbolischer Name (»Berg von Meggido«), der an die Niederlage König Joschijas (2 Kön 23,29f.) durch den ägyptischen Pharao erinnert und darum als Symbol für den Untergang von versammelten »gottlosen« Heeren dient.

[56] Vgl. F. Valentin, aaO. 41f.

[57] R. Hempelmann, Wehen der Endzeit. In: H. Gasper/F. Valentin (Hg.), Endzeitfieber, aaO. 52.

[58] J. Kremer, Parusie und Weltgericht, in: StdZ 215 (1998), 477–492, Zit. 481.

[59] Vgl. M. Kehl, Eschatologie, Würzburg [3]1996, 164–171; H. Ritt, Offenbarung des Johannes. Die Neue Echter Bibel, Kommentar zum Neuen Testament, Bd. 21, Würzburg 1986.

[60] Vgl. dazu H. Kohle, Gottes Zorn gegen Verstockte. In: H.

Gasper/F. Valentin (Hg.), Endzeitfieber, aaO. 70–87; M. Kehl, Eschatologie, aaO. 63–67; G. Bachl, Über den Tod und das Leben danach, Graz 1980.

[61] H. Kohle, Gottes Zorn gegen Verstockte, aaO. 85.

[62] J. Moltmann, Das Kommen Gottes. Christliche Eschatologie, München 1995, 155.

[63] Vgl. zur neueren Literatur über die Apokalyptik: TRE III, 1978, 189–289; E. Brandenburger, Markus 13 und die Apokalyptik, Göttingen 1984; G. Martin, Weltuntergang, Stuttgart 1984; W. Kellner, Der Traum vom Menschensohn, München 1985; H. Althaus, Apokalyptik und Eschatologie, Freiburg 1987; J. J. Körtner, Weltangst und Weltende, Göttingen 1988; J. Pfammatter/E. Christen (Hg.), Hoffnung über den Tod hinaus, Zürich 1990; M. Kehl, »Bis Du kommst in Herrlichkeit ...«. In: Lebendiges Zeugnis 44 (1989), 245–256; ders., Eschatologie, Würzburg [3]1996; Art. »Apokalypsen« und »Apokalyptik«. In: LThK, Bd. 1, [3]1993, 807–821; N. Baumert, Endzeitfieber? AaO.

[64] G. M. Martin, Weltuntergang, Stuttgart 1984, 75.

[65] Vgl. dazu R. P. Litzenburger, Wer bin ich, wenn mich niemand anschaut. Eingeleitet und kommentiert von A. Heuser, München 1987, 87, Bild Nr. 24.

[66] Vgl. W. Kasper, Die Hoffnung auf die endgültige Ankunft Jesu Christi in Herrlichkeit, in: IKZ »Communio« 14 (1985), 1–14; J. Moltmann, Das Kommen Gottes, München 1995; M. Kehl, »Bis du kommst in Herrlichkeit ...«. Neuere theologische Deutungen der »Parusie Jesu«. In: J. Pfammatter/E. Christen (Hg.), Hoffnung über den Tod hinaus (Theologische Berichte XIX), Zürich 1990, 95–137; ders., Bis du kommst in Herrlichkeit, in: GuL 71 (1998), 401–405.

[67] Sulpicius Severus, Leben des hl. Martinus, übers. v. P. Bihlmeyer, Bibliothek der Kirchenväter Bd. 20, Kempten–München 1914, 49f.

[68] Vgl. K. Rahner, Zur Theologie des Todes, Freiburg 1958; ders., Das Leben der Toten. Schriften zur Theologie IV, Einsiedeln 1960, 429–437; vgl. auch G. Greshake, Stärker als der Tod (Topos TB 50), Mainz [8]1984; G. Lohfink, Der Tod ist nicht das letzte Wort, Freiburg [10]1983; W. Bühlmann, Leben – Sterben – Leben. Fragen um Tod und Jenseits, Graz 1985; L. Boff, Was kommt nach dem Tode? Salzburg 1982; H. Küng, Ewiges Leben? München [5]1985; W. Beinert, Tod und Jenseits des Todes (Topos plus 355), Regensburg 2000.

[69] K. Rahner, Art. »Parusie«, in: K. Rahner/H. Vorgrimler (Hg.),

Kleines theologisches Wörterbuch, Freiburg [10]1976, 320f.

[70] Vgl. G. Greshake/G. Lohfink, Naherwartung – Auferstehung – Unsterblichkeit (QD 71), Freiburg [5]1986; M. Kehl, Eschatologie, Würzburg [3]1996, 232–251; 275–281.

[71] Silja Walter, Jemand muß zu Hause sein; aus: Das Kloster am Rande der Stadt, © 1971, 1980 Verlags AG Die Arche Verlag, Zürich.

[72] Vgl. zu diesem Thema J. Ratzinger, Eschatologie – Tod und ewiges Leben, Regensburg 1977 ([6]1990); H. Sonnemans, Seele – Unsterblichkeit – Auferstehung, Freiburg 1984; G. Greshake/G. Lohfink, Naherwartung – Auferstehung – Unsterblichkeit, aaO.; W. Breuning (Hg.), Seele. Problembegriff christlicher Eschatologie, Freiburg 1986 (QD 106); G. Greshake/J. Kremer, Resurrectio Mortuorum, Darmstadt 1986; G. Nachtwei, Dialogische Unsterblichkeit, Leipzig 1986; F. J. Nocke, Eschatologie, Düsseldorf [4]1991; ders., Eschatologie, in: Th. Schneider (Hg.), Handbuch der Dogmatik Bd. 2, Düsseldorf 1992, 377–478; D. Hattrup, Eschatologie, Paderborn 1992; J. Finkenzeller, Eschatologie, in: W. Beinert (Hg.), Glaubenszugänge. Lehrbuch der katholischen Dogmatik Bd. 3, Paderborn 1995, 527–671; G. L. Müller, Katholische Dogmatik, Freiburg [2]1996, 516–568; M. Kehl, Eschatologie, aaO.; Ch. Herrmann, Unsterblichkeit der Seele durch Auferstehung, Göttingen 1997.

[73] Vgl. dazu G. Greshake/J. Kremer, Resurrectio Mortuorum, aaO. 277–324; G. Haeffner, Vom Unzerstörbaren im Menschen, in: W. Breuning (Hg.), Seele. Problembegriff christlicher Eschatologie, aaO. 159–191.

[74] G. Haeffner, aaO. 170.

[75] Vgl. ders., aaO. 166.

[76] Vgl. G. Greshake, Auferstehung im Tod, in: ThPh 73 (1998), 551.

[77] Vgl. dazu H. U. v. Balthasar, Theodramatik IV, Einsiedeln 1983; M. Kehl, Eschatologie, aaO. 283ff. (dort auch weitere Literatur).

[78] Vgl. H. U. v. Balthasar, Theodramatik, aaO. 315ff.

[79] E. Fleischmann, Fegfeuer. Die christlichen Vorstellungen vom Geschick der Verstorbenen geschichtlich dargestellt, Tübingen 1969; K. Rahner, Fegfeuer, in: Schr. z. Th. XIV, Einsiedeln 1980, 435–449; J. Le Goff, Die Geburt des Fegefeuers, Stuttgart 1984 (München 1990); G. L. Müller, »Fegfeuer«. Zur Hermeneutik eines umstrittenen Lehrstücks in der Eschatologie, in: ThQ 166 (1986), 25–39; J. Ratzinger, Eschatologie – Tod und ewiges Leben, aaO. 179ff.; M. Kehl, Eschatologie,

aaO. 285ff.

80 W. Beinert, Der Himmel ist das Ende aller Theologie, in: ThPQ 134 (1986), 117–127; M. Kehl, Eschatologie, aaO. 289ff.; ders., Eine theologische Meditation über Himmel und Hölle, in: GuL 64 (1991), 261–271; ders., Art. »Himmel«, in: LThK ³1996, Bd. 5, 117ff.; J. Moltmann, Das Kommen Gottes, München 1995; B. Lang/C. McDannell, Der Himmel. Eine Kulturgeschichte des ewigen Lebens, Frankfurt/Main 1996.

81 G. Bachl, Verlockung Himmel? Vortrag im Kath. Bildungswerk Bonn, Manuskripte Neue Folge 14, Bonn 1996.

82 Vgl. B. Lang/C. Mc Dannell, Der Himmel, aaO. 388ff.

83 Vgl. zu diesem Thema: C. S. Lewis, Die große Scheidung, Einsiedeln ⁴1985; M. Kehl, Eschatologie, aaO. 292ff.; ders., Eine theologische Meditation über Himmel und Hölle, aaO.; H. U. v. Balthasar, Was dürfen wir hoffen? Einsiedeln 1986; ders., Kleiner Diskurs über die Hölle, Stuttgart ²1987; J. Ratzinger, Eschatologie – Tod und ewiges Leben, aaO. 175ff.; H. Vorgrimler, Geschichte der Hölle, München 1993.

84 Vgl. G. Greshake, Heil und Unheil? In: Ders., Gottes Heil – Glück des Menschen. Freiburg 1984, 271f.

85 Vgl. C. S. Lewis, Die große Scheidung, aaO.

86 Vgl. H. U. v. Balthasar, Kleiner Diskurs über die Hölle, aaO. 48.

87 C. S. Lewis, Die große Scheidung, © Johannesverlag Einsiedeln 1985, 38f.

88 Vgl. M. Kehl, Art. »Hölle«, in: LThK ³1996, Bd. 5, 232ff.

89 H. U. v. Balthasar, Mysterium paschale, in: J. Feiner/M. Löhrer (Hg.), Mysterium Salutis, Bd. III/2, Einsiedeln 1969, 133–326; ders., Theodramatik IV, Einsiedeln 1982, 223–293.

90 Vg. A. Boesak, Schreibe dem Engel Südafrikas. Trost und Protest in der Apokalypse des Johannes. Stuttgart 1988, 64ff: »Die Freude der Unterdrückten«.

91 Vgl. J. Moltmann, Das Kommen Gottes, München 1995; U. Winkler, Vom Wert der Welt, Innsbruck 1997; M. Kehl, Neue Hoffnung für den Kosmos, in: SaThZ 1 (1997), 15–23.

92 K. Rahner, Immanente und transzendente Vollendung der Welt. In: Schr. z. Th. VIII, 593–608.

93 C. Westermann, Theologie des Alten Testaments in Grundzügen, Göttingen 1978, 79. Vgl. W. Pannenberg, Systematische Theologie Bd. 3, Göttingen 1993, 625ff.

94 W. Pannenberg, aaO. 629f.

95 K. Ch. Felmy, Die orthodoxe Theologie der Gegenwart, Darmstadt 1990, 197.

96 Vgl. dazu auch Teilhard de Chardins kosmisches Eucharistiever-
   ständnis.
97 E. Kunz, Protestantische Eschatologie. Von der Reformation bis
   zur Aufklärung. In: Handbuch der Dogmengeschichte IV/7c (1.
   Teil), Freiburg 1980, 88.